INHALT

W0063662

Vorwort   7

Einleitung   11

1 Aufmerksamkeitsökonomie   21

2 Der Nachrichtenmarkt   43

3 Aufmerksamkeitsspekulation
  und politische Blasen   71

4 Alternative Fakten, Desinformation
  und Fake News   91

5 Faktenresistenz, Populismus
  und Verschwörungstheorien   127

6 Die postfaktische Demokratie   157

Dank   181

Literaturhinweise   183

Anmerkungen   191

Vincent F. Hendricks
Mads Vestergaard

POSTFAKTISCH

Die neue Wirklichkeit
in Zeiten von Bullshit,
Fake News und
Verschwörungstheorien

Aus dem Dänischen
von Thomas Borchert

Blessing

Sollte diese Publikation Links auf Webseiten Dritter enthalten,
so übernehmen wir für deren Inhalte keine Haftung,
da wir uns diese nicht zu eigen machen, sondern lediglich auf
deren Stand zum Zeitpunkt der Erstveröffentlichung verweisen.

Verlagsgruppe Random House FSC® N001967

1. Auflage
Copyright © 2018 by Karl Blessing Verlag
in der Verlagsgruppe Random House GmbH,
Neumarkter Straße 28, 81673 München
Umschlaggestaltung: Bauer+Möhring, Berlin
Satz: Leingärtner, Nabburg
Druck und Einband: GGP Media GmbH, Pößneck
Printed in Germany
ISBN: 978-3-89667-636-8

www.blessing-verlag.de

Vorwort

Dieses Buch handelt nicht von Donald J. Trump. Allerdings waren die Wahl Donald Trumps zum 45. Präsidenten der Vereinigten Staaten von Amerika am 8. November 2016 und Trumps spektakulärer Wahlkampf mit ausschlaggebend dafür, dass Schreibtisch und Kalender im Frühjahr 2017 diesem Buch gewidmet wurden. Auch wenn wir Donald Trump, dem König der Aufmerksamkeit, hier viel Aufmerksamkeit zuteil werden lassen, geht es in *Postfaktisch* nicht um Trump. Wir versuchen auch nicht, das Ergebnis der letzten Präsidentschaftswahlen in den USA erschöpfend zu erklären. Dieses Buch ist in seiner Absicht etwas bescheidener. Unter anderem geht es uns um das Informationsmilieu, die Marktkräfte, die politischen Strategien und die psychologischen Faktoren, die zur Wahl Donald Trumps beigetragen haben. Außerdem versuchen wir in *Postfaktisch*, generell die Bedingungen, unter denen man heutzutage in Aufmerksamkeit spekuliert und die letztendlich zu einer postfaktischen Demokratie führen können, zusammenhängend zu analysieren.

In einer postfaktischen Demokratie, egal von welcher Demokratie die Rede ist, bilden Fakten und Tatsachen nicht länger die Grundlage der geführten Politik, sodass die Bürger in der postfaktischen Demokratie auf längere Sicht die Verlierer sind.

Neue Technologien schaffen neue Bedingungen und andere Möglichkeiten für die Vermittlung von Information, für den Journalismus und für die Kommunikation politischer Botschaften. Im Gegensatz zur Hoffnung und Vision von Philosoph Francis Bacon (1561–1626), ist technologischer Fortschritt jedoch nicht gleichbedeutend mit menschlichem Fortschritt. Technologischer Fortschritt bedeutet wiederum auch nicht menschlicher Verfall, wie romantische Kulturpessimisten meinen. Es liegt alleine an uns. Wir müssen uns vor Augen halten, dass die Technologie nicht uns Menschen kontrolliert. Der Einfluss und die Bedeutung der neuen Technologie für unsere Wirklichkeit und unsere Gesellschaft lokal und letztendlich auch global hängen davon ab, wie wir die Technologie nutzen, benutzen und reglementieren. Aktiv müssen wir individuell sowie kollektiv dafür sorgen, dass technologischer Fortschritt gleichbedeutend mit menschlichem Fortschritt ist. Damit wir nicht blind handeln, benötigen wir Wissen darüber, wie die neue Technologie unsere Kommunikation, unser Handeln und die Politik beeinflusst.

Aufklärung hat im Informationszeitalter keinen leichten Stand. Heutzutage steht Aufmerksamkeit im Zentrum des Äthers und der sozialen Medien. Wir leben in einem Überfluss an Information, welcher wiederum Knappheit an Aufmerksamkeit erzeugt, was Aufmerksamkeit in eine wertvolle Ressource verwandelt. Werbung und *traffic* bedeuten Geld, Macht und politischen Einfluss. Dabei spielen Wahrheit, Fakten und wirkliche soziale Herausforderungen nicht länger die Hauptrolle. Um zu verhindern, dass die Jagd nach Aufmerksamkeit die Aufklärung und die Vermittlung wahrhaftsgetreuer Information verdrängt, müssen wir die Mechanismen, die strukturellen Voraussetzungen und die Entwicklung der neuen Kommunikationsmöglichkeiten studieren und verstehen. Und genau das ist die Absicht unseres Buches. Wir legen in *Postfaktisch* unser Verständnis davon dar, wie die Jagd nach Aufmerksamkeit auf einem Markt der Informationen zu Desinformation, politischen Blasen, Populismus und letztendlich zu einer postfaktischen Demokratie führt.

Wir schulden der nächsten Generation eine Welt, die sich in einem noch besseren Zustand befindet als die Welt, die wir von unseren Eltern übernommen haben. Dafür ist es hoffentlich noch nicht zu spät.

Einleitung

Am 4. Januar 2017 brachte das obskure kleine Medium Donbass News Agency eine Geschichte, wonach die USA sich anschickten, 3 600 Panzer als Teil der »Nato-Kriegsvorbereitungen gegen Russland« nach Europa zu bringen.[1]

Abb. 1 Die Nachricht der Donbass News Agency, die sich um die ganze Welt verbreitete.

Binnen weniger Tage verbreitete sich die Geschichte im Netz viral, also explosiv, wurde von Medien in den USA, Kanada und Europa übernommen, 40 000-fach geteilt, ins Norwegische übersetzt, von der staatlichen russischen Nachrichtenagentur RIA Novosti zitiert und erfreute sich auch sonst beträchtlicher Aufmerksamkeit, vor allem in der russischen Presse.[2] Aber es war eine Fehlinformation. Zwar stimmte, dass die USA ihre Streitkräfte in Europa verstärken wollten, aber nicht mit Panzern und schon gar nicht in der Größenordnung, wie von der Donbass News Agency angegeben. Andernfalls hätte sich die amerikanische Panzerpräsenz um das Zwanzigfache gegenüber den tatsächlichen Plänen vergrößert.

Fehlinformation wie diese ist meistens nicht einfach falsch, sondern ein Mischprodukt. Das Rezept besteht in der passenden Vermengung von Wahrem und Falschem. Nur zwei Tage vor der zweiten Runde der französischen Präsidentschaftswahl im Mai 2017 sah sich die Kampagne des Kandidaten Emmanuel Macron einem massiven Hackerangriff ausgesetzt. Neun Gigabyte mit E-Mails und anderer interner Kommunikation wurden gepostet und zirkulierten in den sozialen Medien. Macrons Stab zufolge bestand dieses Leck aus einer Kombination von authentischem Material mit gefälschten Dokumenten und Erfundenem, um »Zweifel und Fehlinformation auszusäen«[3]. In einer Pressemitteilung von Macrons Kampagne *En Marche!* mit der Bestätigung des Lecks heißt es: »Der Ernst der Angelegenheit steht außer Frage. Wir können nicht hinnehmen, dass vitale demokratische Interessen in Gefahr gebracht werden.«[4] Das World Economic Forum verkündete schon 2013:

Das globale Risiko massiver digitaler Desinformation bildet den Kern einer Konstellation aus technologischen und geopolitischen Risiken, die sich von Terrorismus über Cyberangriffe bis zum Zusammenbruch globaler Regierungsformen erstrecken.[5]

Fehlinformation ist im digitalen Zeitalter den globalen Herausforderungen zuzurechnen, genau wie die Klimaveränderungen, zunehmende ökonomische Ungleichheit, die Krise der Wasserversorgung, weltumspannende Gesundheitsprobleme und einige andere drängende Probleme. Digitale Fehlinformation wird aber nicht allein ausgelöst durch Terrorismus, Cyberangriffe und die lichtscheue Einmischung fremder Mächte. Diese Herausforderung lässt sich auch nicht allein damit bewältigen, Schurken zu ermitteln und beim Namen zu nennen. Richtet sich alle Aufmerksamkeit auf solche halbseidenen und total finsteren Akteure, können die strukturellen Bedingungen übersehen werden, die Fehlinformation blühen lassen. Es wird dann schwer, wenn nicht unmöglich, diese Ströme und ihre schädlichen Auswirkungen einzudämmen.

Um uns vor Fehlinformationen schützen und um externen Einfluss auf die Bildung politischer Meinung und auf demokratische Wahlen verhindern zu können, ist es wichtig, dass wir das Milieu verstehen, in welchem Information produziert und verbreitet wird. Der Versuch von russischer Seite, die Brexit-Abstimmung und die Präsidentschaftswahlen in den USA 2016 zu beeinflussen, hat gezeigt, dass das Informationsmilieu sehr ungeschützt ist. Die Presse als vierte Staatsmacht, Wachhund der Öffentlichkeit und Torwächter des öffentlichen Raumes wird hier zu einem entscheidenden Teil im Puzzlespiel. Das

Agieren der Nachrichtenmedien und ihr Reagieren auf Fehlinformation sind entscheidend dafür, wie kräftig Letztere durchschlägt und wie großen Schaden sie anrichten kann. Das Hacken von Macrons Kampagne und das Leaken der Dokumente hatten keinen nennenswerten Einfluss auf die französische Wahl. Der Kontrast zum Einfluss der Leaks aus Hillary Clintons Kampagne auf die amerikanische Präsidentschaftswahl 2016 ist frappierend. Dafür gibt es mehrere Gründe. Das Leck in Frankreich tat sich in letzter Stunde auf, unmittelbar vor dem gesetzlichen Verbot von Wahlberichten in den letzten 44 Stunden. Aber das ist nicht alles. Auch presseethische Grundsätze trugen erheblich zum Ausbleiben eines Effekts bei. Die französische Zeitung *Le Monde* schrieb am 6. Mai, dem Tag nach dem Leck und direkt vor der Wahl:

Wenn diese Dokumente Enthüllungen enthalten, wird Le Monde *sie natürlich veröffentlichen, sobald sie in Übereinstimmung mit unseren journalistischen und ethischen Regeln analysiert sind, ohne dass wir uns zu einem Instrument anonymer Akteure für die Verbreitung ihrer Tagesordnung machen lassen.*[6]

Solche journalistische Ethik und Gründlichkeit bei der Dokumentation scheinen keine so maßgebliche Rolle für die Wahlberichterstattung von einzelnen US-Medien, vor allem auf Kabelsendern, gespielt zu haben. Wenn journalistische Ideale bei der Verbreitung von Nachrichten sekundär bleiben, können Nachrichtenmedien, einschließlich der etablierten, zur Fehlinformation beitragen, statt sie zu enthüllen und zu verhindern. Aber ethische Prinzipien und edle Intentionen von Journalisten und Medieninstitutionen – oder Mangel daran – sind nur Teile in einem größeren Spiel. Sie machen weder das Gesamtbild aus, noch liegt hier die Lösung des Problems.

Medien und Journalisten operieren in einem Umfeld, das den Rahmen für Nachrichtenverbreitung und Informationsvermittlung setzt. Um in einem Umfeld zu überleben, muss man sich auf dessen Bedingungen einstellen, auch in der Medienbranche. Die ökonomischen Voraussetzungen, unter denen Journalistik und Nachrichtenvermittlung betrieben werden, haben Einfluss auf das Resultat und die Qualität. Öffentlich-rechtliche Medien machen einen Unterschied, genau wie die Geschäftsmodelle und Marktbedingungen von Medien.

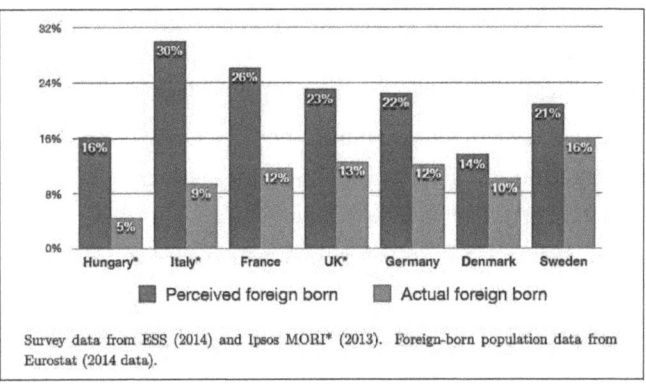

Survey data from ESS (2014) and Ipsos MORI* (2013). Foreign-born population data from Eurostat (2014 data).

Abb. 2 Die Annahme von Bürgern in sieben EU-Ländern über den Bevölkerungsanteil von im Ausland Geborenen wird der tatsächlichen Prozentzahl im jeweiligen Land gegenübergestellt. Während der Unterschied zwischen Annahme und Realität in Dänemark nur 4 % beträgt, sieht es am entgegengesetzten Ende der Skala ganz anders aus: In Italien beträgt der Unterschied satte 21 %. Quelle: Flynn et al. (2017)

Ist der Markt für Nachrichten vollständig kommerzialisiert und komplett abhängig von Anzeigenkunden, deren Qualitätskriterium einzig aus der Größe des Publikums besteht, können Unterhaltungswert, Konflikt und Sensation zu den entscheidenden Nachrichtenkriterien werden. Das schafft gute Voraussetzungen für Fehlinformation, Populismus und politische Manipulation. Was genauso gilt, wenn Politiker die Medien an der kurzen Leine haben.

Es gab Zeiten, da konnten Despoten das Informationsniveau der Bevölkerung als Macht- und Herrschaftsstrategie auf einem absoluten Minimum halten sowie durch Zensur und Strafe die Quellen für ungelegene Information unterdrücken. Einige Machthaber versuchen das immer noch. Der Kampf *für* die Meinungsfreiheit ist auch ein Kampf *gegen* diese Herrschaftsstrategie. Im Informationszeitalter lässt sich von Zeit zu Zeit auch ohne Zensur und Verletzung der Meinungsfreiheit ein ganz ähnlicher propagandistischer Effekt erzielen, indem man Bürger, Wähler und die Presse mit Fehlinformationen überhäuft. Durch Fehlinformationen werden die politische Opposition, die Bürger und die Presse verwirrt, wodurch die Machthaber mit so einigem davonkommen. Erst recht, wenn das Hand in Hand geht mit stark verbreitetem Misstrauen – ob nun begründet oder nicht – gegenüber der Presse, die als Wachhund im Auftrag der Bevölkerung agieren soll. Meinungsfreiheit allein ist kein Bollwerk gegen eine solche Herrschaftstaktik in Sachen Information. Was aber könnte das Bollwerk dann sein? Wohlgemerkt, ohne dass es die Einschränkung der Meinungsfreiheit mit sich führen und damit Freiheit, Aufklärung und Demokratie untergraben würde. Die Annäherung an diese ausgesprochen schwere, aber brennende Frage erfordert ein Verständnis der technologischen, marktmäßigen und psychologischen Bedingungen, die Fehlinformation wirksam werden lassen.

Die Digitalisierung von Informationen und Medieninhalten sowie die Infrastruktur des Internets ermöglichen technologisch die Produktion und Ausbreitung von Fehlinformation auf einem neuen Niveau. Die Infrastruktur, die Ökonomie und der Markt für Medienprodukte, die aus dem Internet entstanden sind, verschaffen politischen und ideologischen Interessen günstige Voraussetzungen für Propaganda. Zum Startpaket gehören kräftige ökonomische Anreize für die Produktion und Verbreitung verzerrter Geschichten, loser Gerüchte und von Fake News. Sie sind die Quelle für Reklame- und Anzeigeneinnahmen. Klicks im Internet lassen sich in Geld verwandeln, wobei der Wahrheitsgehalt dessen, worauf geklickt wird, in diesem Kontext keine Bedeutung hat. Ein Klick ist ein Klick. Werden die Menge und Akzeptanz von Fehlinformationen nicht eingedämmt, nähern sich die am härtesten davon betroffenen Demokratien einem postfaktischen Zustand.

*Eine Demokratie befindet sich in einem **postfaktischen Zustand**, wenn politisch opportune, aber faktisch irreführende Narrative statt Fakten als Grundlage für die politische Debatte, Meinungsbildung und Gesetzgebung dienen.*

Ist es so weit gekommen, sind Tatsachen und faktisches Wissen entwertet, worauf wir als Folge die Fähigkeit verlieren, die gesellschaftlichen und globalen Probleme zu benennen und zu lösen, denen wir gegenüberstehen. Aber das ist noch nicht alles. Wie das World Economic Forum vier Jahre nach der Benennung von digitaler Fehlinformation als globalem Risiko schlussfolgert, fordert diese jetzt die demokratische Regierungsform insgesamt heraus.[7] Mit diesem Buch möchten wir ein Erklärungsgerüst dafür liefern, wie eine Demokratie als postfaktisch enden kann. Die Kapitel 1–5 benennen Bedingungen und Strukturen. Das abschließende Kapitel 6 erklärt, was für eine Größe eine postfaktische Demokratie darstellt und warum das schlussendlich kein erstrebenswerter Zustand ist.

Im digitalen Zeitalter fehlt es nicht an Information. Aber wer Information konsumiert, tut das im Tausch gegen die eigene Aufmerksamkeit. Aufmerksamkeit ist die Eingangstür zu unserem Bewusstsein. Das macht sie wertvoll für alle mit einer Botschaft, einer Neuigkeit oder einer Ware, die verkauft werden will. Wenn man jedoch etwas Bestimmtem die eigene Aufmerksamkeit schenkt – einer Facebook-Debatte über die Bedrohung durch Zuwanderer, einem Tweet von Donald Trump über das Abhören des Trump Tower durch Barack Obama, einer Nachricht bei Breitbart zu #Pizzagate, einem Gerücht, wonach Angela Merkel über das ZDF herrscht, oder … –, dann gibt es daneben eine Menge anderes, das weichen muss. Der Tag hat nur 24 Stunden, unsere Aufmerksamkeit ist begrenzt – und deshalb im Netz hart umkämpft. Das Ergebnis dieses Kampfes ist oft ausschlaggebend dafür, was auf die Tagesordnung des Nachrichtenstroms und der Politik gelangt, ob Letztere sich nun online oder offline abspielt. Die Aufmerksamkeitsökonomie und der Markt für Nachrichten sowie politische Botschaften sind die Themen von Kapitel 1 und 2. Der Nachrichtenmarkt und der Markt für politische Botschaften ermöglichen Aufmerksamkeits*spekulation* und die Bildung politischer Blasen, in denen die Substanz verschwindet. Das sind die Dreh- und Angelpunkte von Kapitel 3. In Kapitel 4 werden die Ingredienzen von Information und vor allem von Fehlinformation behandelt, von der Wahrheit über Verzerrungen, unbestätigten Gerüchten, Nichterwähnung bis zu Lügen, Bullshit, Fake News sowie der Behauptung »alternativer Fakten«. Kapitel 5 beleuchtet zunächst verschiedene psychologische und sozialpsychologische Mechanismen, die uns für Fakten resistent machen – wenn nicht sogar fakten*immun* – und die zugleich Fehlinformation so wirkungsvoll werden lassen. Dieselben Triebkräfte machen Populismus mit seinen simplen »Wir gegen die anderen«-Geschichten zu einer effektiven politischen Strategie; man kann »die anderen« verdächtigen, also die Presse, die Elite, verarmte Randzonen, die Dummen, die Unaufgeklärten, die Reichen, die Armen, die Fremden … Und dabei politische Gegner in Misskredit bringen. Werden »die anderen« dann auch noch als *Feinde* aufgefasst, ist die Wahrheit das erste Opfer in einem Zangenkrieg, geprägt von beiderseitigem Misstrauen. Hier gedeihen Verschwörungstheorien bestens, und sie können lange am Leben bleiben. Das Buch schließt mit Kapitel 6 über die postfaktische Demokratie: Warum sie genau wie das entgegengesetzte Extrem, die Technokratie, nicht sonderlich demokratisch und es deshalb wert ist, bekämpft zu werden.

1 Aufmerksamkeitsökonomie

1.1 Die Informationsgesellschaft

Als Abraham Lincoln Anfang des 19. Jahrhunderts im Bundesstaat Indiana aufwuchs, war er, so erzählten es die Nachbarn, zu kilometerlangen Fußmärschen bereit, um ein einziges Buch auszuleihen. »Mein bester Freund ist der Mensch, der mir ein Buch gibt, das ich noch nicht gelesen habe«, soll der junge Lincoln gesagt haben.[8] Literatur gab es nur in beschränkter Auswahl, sie war schwer zugänglich und wertvoll. Das galt nicht nur für Literatur, sondern als Grundbedingung für das Erlangen von Information überhaupt: Information war eine schwer zugängliche Ressource. Ob es um Neuigkeiten aus weiter Ferne ging, neue Technik, neues Wissen oder reine Unterhaltung, in aller Regel setzte die Beschaffung von Information harte Arbeit voraus und verursachte erhebliche Kosten. Noch vor wenigen Jahren hat uns der Zugang zu Informationen viel mehr abverlangt als heute. Sich auf dem Laufenden zu halten, erforderte zum Beispiel das Abonnement oder den Kauf einer Zeitung, den Gang zur Bücherei, oder dass man sich zum Dorfteich bemühte, um das Neueste über den Nachbarn zu erfahren. Digitalisierung und Datentechnologie haben das radikal geändert.

Heute reicht in der Regel ein Handy mit Internetzugang, um an die Information zu gelangen, die gesucht wird: Nachrichten, Politik, wissenschaftliche Studien, Literatur, Unterhaltung, Klatsch, Babyfotos und Katzenvideos. Nie zuvor stand uns so viel und so leicht zugängliche Information zur Verfügung.

Das Informationszeitalter kennzeichnet deshalb nicht, dass wir alle schwer zugängliche und kostbare Information jagen. Es verhält sich eher umgekehrt. In der Informationsgesellschaft gibt es so viel Information, dass wir darin zu ertrinken drohen. Das spiegelt sich darin wider, dass das gigantische Angebot von online frei zugänglicher Information deren Wert drastisch gesenkt hat. Viele, die mit dem Internet aufgewachsen sind, haben die Erwartung, dass Information gratis ist – und auch sein sollte –, und weigern sich, für Zeitungen, Bücher oder Unterhaltungsprodukte zu bezahlen. Wohl kaum jemand wäre heute zu einem Fußweg über mehrere Kilometer bereit, um ein Buch in die Finger zu bekommen.

1.2 Der Preis der Information

Dass Information in überwältigender Menge leicht zugänglich ist und man dafür meist nicht in Euro und Cent bezahlen muss, bedeutet aber keineswegs, dass sie *umsonst* ist. Der Preis, den wir für Information zahlen, ist unsere Aufmerksamkeit. Erinnert sei an den englischen Begriff »to *pay* attention«. Man kann Unmengen Information zur Verfügung haben, aber um sie aufzunehmen, zu verarbeiten und möglicherweise auf ihrer Grundlage zu handeln, müssen sie gegen die eigene Aufmerksamkeit eingetauscht werden. Das Projekt Gutenberg hat mehr als 53000 Bücher online frei zugänglich gemacht. Bei Lektüre von einem Buch pro Tag würde es 145 Jahre dauern, diese Bibliothek durchzulesen. Die heutige Herausforderung besteht nicht darin, etwas zu lesen zu finden, sondern die Zeit, etwas von all dem zu lesen, das man zur Verfügung hat. Es soll ja möglichst noch Aufmerksamkeit für Familie, Freunde und das Leben sonst übrig bleiben.

Wenn die Menge zugänglicher Information überwältigend ist, folgt daraus ein Defizit an Aufmerksamkeit. Schon 1971 hat der Nobelpreisträger für Wirtschaftswissenschaft, Herbert Simon, prophetisch über das Informationszeitalter geäußert:

... in einer an Information reichen Welt bedeutet der Reichtum an Information Knappheit an etwas anderem: Eine Knappheit an dem, was immer das sein kann, das Information verbraucht. Was Information verbraucht, liegt auf der Hand: Sie verbraucht die Aufmerksamkeit des Empfängers.[9]

Dass wir Aufmerksamkeit (ver)brauchen, um informiert zu werden, macht sie zu einer kostbaren Ressource für uns. Die Information, auf die man aufmerksam geworden ist, wird aufgenommen und zur eigenen Erfahrungssowie Wissensgrundlage. Bei der Aufmerksamkeit handelt es sich um eine sehr spezielle Ressource. Im Gegensatz zu ökonomischen Mitteln und politischer Macht ist sie eher gleichmäßig verteilt. Auch wenn manche ihre Aufmerksamkeit längere Zeit und konzentrierter aufrechterhalten können als andere, gibt es, verglichen mit anderen Ressourcen, nur marginale Unterschiede bei der dem Einzelnen zur Verfügung stehenden Menge an Aufmerksamkeit. Sie kann nicht akkumuliert oder angespart werden wie Geld. Im wachen Zustand (ver)brauchen wir konstant unsere Aufmerksamkeit: Wir sind die ganze Zeit aufmerksam auf *etwas*. Aber ein gemeinsames Merkmal von Geld und Aufmerksamkeit besteht darin, dass wir die Ressource für etwas auf Kosten von etwas anderem verbrauchen, für das sie andernfalls genutzt werden könnte.

1.3 Knappheit an Aufmerksamkeit

Der Philosoph und Psychologe William James (1842–1910) hat die Aufmerksamkeit 1890 in einem berühmten Zitat beschrieben:

[Aufmerksamkeit] ist das Bewusstsein, das in klarer und lebendiger Form einen aus mehreren simultan möglichen Gegenständen oder Gedankenströmen in Besitz nimmt. ... Es erfordert die Abwendung von bestimmten Dingen, um sich effektiv zu anderen zu verhalten.[10]

Um Information effektiv aufzunehmen, zu verarbeiten und darauf zu reagieren, müssen wir unsere Aufmerksamkeit auf jeweils einen Gegenstand ausrichten. Neuere Kognitionsforschung hat das bestätigt: Auch wenn wir mitunter multitasken und auf mehrere Dinge gleichzeitig aufmerksam sein können, etwa telefonieren und zugleich Essen zubereiten, werden wir in der Regel langsamer und begehen mehr Fehler. Die Qualität sinkt, wenn wir die Aufmerksamkeit aufteilen, statt sie ganz auf eine Sache oder Aktivität zu konzentrieren (Sternberg & Sternberg 2012).

Abb. 3 Multitasking senkt die Qualität der eigenen Aufmerksamkeit durch Verminderung der Reaktionsfähigkeit und auch der Menge an aufgenommener Information.

Wenn wir nur auf jeweils eine Sache aufmerksam sein können, wird Zeit ein entscheidender Faktor. Aber die Zeit ist selbst fixiert und begrenzt. Wie auch immer wir uns mit *To-do*-Listen zu organisieren und unseren Zeitverbrauch zu optimieren versuchen, der Tag hat doch immer nur vierundzwanzig Stunden und das Individuum eine begrenzte Aufnahmekapazität (Kahneman 1973). Das setzt eine Obergrenze dafür, wie aufmerksam man sein kann, und damit auch, wie viel Information täglich aufgenommen und verarbeitet werden kann. Das macht die *Auswahl* von Information und die *Allokation* von Aufmerksamkeit ausschlaggebend dafür, wie man informiert ist.

Eine weit verbreitete Auffassung von »Ökonomie« definiert das Fach als Studium der Allokation knapper Ressourcen durch Individuen und Gesellschaft (Samuelson & Nordhaus 2010). Wenn Aufmerksamkeit als knappe Ressource gilt, ergibt sich daraus die Grundlage dafür, das Zeitalter der Information als eine *Aufmerksamkeitsökonomie* genauer zu untersuchen.

1.4 Informationsquellen

Wenn wir über etwas informiert werden sollen, das jenseits unserer unmittelbaren Umgebung in Seh- und Hörweite liegt, benötigen wir Medien als Informationsträger und -vermittler. Daraus ergibt sich für Nachrichtenmedien und die sonstige Presse eine ausgesprochen zentrale Rolle. Wir nehmen unsere Information in hohem Maß durch Informationskanäle entgegen, die die Presse erzeugt. Deshalb sind die Wahl der Medien und deren Verlässlichkeit als Informationsquellen ausschlaggebend dafür, wie gut informiert – oder fehlinformiert – die Einzelnen sind. Wenn man die eigene Aufmerksamkeit nicht für Nachrichten über Politik verbraucht, sondern sie stattdessen auf Unterhaltung allokiert, wird man – wie nicht anders zu erwarten – weniger informiert über Politik sein als andersherum.

Abb. 4 Einseitige Nachrichtendiät kann ein verzerrtes Bild der Wirklichkeit liefern.

Verbraucht man die eigene Aufmerksamkeit mit unzuverlässigen Quellen und unglaubwürdiger Information, erhöht sich das Risiko, fehlinformiert und in die Irre geführt zu werden. Wird die eigene Aufmerksamkeit systematisch mit konspirativen YouTube-Videos und politischen Propagandaseiten verkonsumiert, die damit die eigene Informationsbasis ausmachen, spiegelt sich das fast unausweichlich in der Auffassung von der Wirklichkeit wider. Ausreichend starker Verbrauch »alternativer Fakten«, falscher Behauptungen und loser Gerüchte kann zu einer alternativen Wirklichkeit hinlenken, sodass die Verbindung zum Faktischen verlorengeht.

Wenn die eigene Aufmerksamkeit von Information besetzt ist und damit zur Quelle von Wissen über die Welt wird, und da Aufmerksamkeit zugleich begrenzt ist, sollte sie mit Umsicht verbraucht werden. Das ist beileibe nicht leicht. Viele Akteure kämpfen mit allen erdenklichen Tricks darum, unsere Aufmerksamkeit einzufangen und abzuernten. Sie hat nicht nur hohen Wert für uns selbst, sondern auch für andere, und ist deshalb extrem gefragt.

1.5 Nachfrage nach Aufmerksamkeit

Den wenigsten gefällt es, übersehen und überhört zu werden oder sich ignoriert zu fühlen. Als Individuen benötigen wir ein Minimum an Aufmerksamkeit von anderen Menschen für unser Gedeihen als Kinder und als Erwachsene. Schaut man sich die heutige Promi- und Realitykultur an, scheint es fast so, als könnten viele nie genug Aufmerksamkeit bekommen. Die Jagd danach, als TV-Realitystar *bekannt* zu werden oder als *Mikro-Celebrity* in den sozialen Medien (Marwick 2015), wirkt wie eine Jagd nach Aufmerksamkeit als Ziel an sich: Aufmerksamkeit um der Aufmerksamkeit willen.

Wer aber nun die Aufmerksamkeit der Leute eingefangen hat, verfügt auch über eine teure und wertvolle Ressource, mit der sich handeln lässt. Besitzt man Aufmerksamkeit, kann sie ja auch auf andere übertragen werden. Steht ein Rockstar auf der Bühne im Zentrum von Aufmerksamkeit und zeigt auf einen Einzelnen im Publikum, wird ein kräftiger Anteil der kollektiven Aufmerksamkeit im Publikum zu dem einen glücklichen Fan kanalisiert. Aufmerksamkeit ist transitiv: Wenn eine Person schon deine Aufmerksamkeit hat, kann sie diese weiter zu einer anderen Person, einem Gegenstand oder einem anderen Produkt kanalisieren, die dadurch einen Anteil bekommt – und immer so weiter. Deshalb lässt sie sich für Geld weiterverkaufen. Das ist das Modell für Sponsorenverträge, bei denen der Firmenname auf das Spielertrikot kommt, wie auch für diskretere Produktplatzierung, wenn ein Medienliebling für das Tragen von Markenmode, gut sichtbar vor Kameras, bezahlt wird.

Aufmerksamkeit im Tausch für Geld ist ein Grundprinzip beim Marketing, das schon immer untrennbar mit dem Ernten von Aufmerksamkeit verbunden gewesen ist. Aufmerksamkeit ist der Zugang zum Bewusstsein der Menschen und eine notwendige Bedingung für jede erfolgreiche Kommunikation von Unterricht und Wissensvermittlung bis zu Überredung, Verführung und Manipulation. Das macht sie ungemein wertvoll für alle Akteure, die etwas zu verkaufen haben. Es spielt hier keine Rolle, ob das, was zum Verkauf steht, traditionelle Verbrauchsgüter, eine Botschaft oder kandidierende Politiker vor Wahlen sind. Aufmerksamkeit ist die Voraussetzung.

1.6 Aufmerksamkeit und Marketing

Man kauft kein Produkt oder einen Service, wenn einem nicht schon klar ist, dass es überhaupt existiert und für Geld erworben werden kann. Ohne Aufmerksamkeit keine Kenntnis vom Produkt, und ohne Kenntnis vom Produkt kein Verkauf. Das bedeutet, dass der Austausch von Information gegen Aufmerksamkeit eine besonders privilegierte Form von Transaktion ist: Er ist die Voraussetzung für ökonomische Transaktionen und Handel im traditionellen Sinn (Falkinger 2003).

Das gilt nicht nur für den Verkauf von normalen Verbrauchsgütern. Es hat sich gezeigt, dass Produktkenntnis auch in der Politik eine wesentliche Rolle spielt. Die Verbraucher, oder auch die Wähler, sollen nicht allein das Produkt oder den Kandidaten kennen. Das Ziel umfasst auch die Beeinflussung ihres *Verhaltens*. Beim Marketing geht es darum, Verbraucher und Wähler zu überreden, zu überzeugen oder womöglich direkt zu verführen, damit sie sich für das Produkt entscheiden oder für den Kandidaten statt für die Konkurrenten. Voraussetzung für diese Überzeugungsarbeit ist allerdings, dass man über deren Aufmerksamkeit verfügt. Man kann niemanden überreden, der gar nicht erst zuhört. Das macht Aufmerksamkeit zu einem Hauptbestandteil von Marketing, Branding und Werbung (Teixeira 2014). Marketingmodelle arbeiten mit verschiedenen Qualitätsklassen für Aufmerksamkeit: Sie erstrecken sich von »keine« über geteilte Aufmerksamkeit (als Folge von Multitasking) bis zu voller und ungeteilter Aufmerksamkeit (Abb. 5). Das Ziel besteht darin, die optimalen Marketingstrategien mit Blick auf die zur Verfügung stehende Menge an Aufmerksamkeit zu isolieren. Liegt keine Aufmerksamkeit vor, muss sie eingefangen werden, ist sie geteilt, muss sie ganz gewonnen werden, und hat man sie gewonnen, geht es darum, sie so effektiv wie möglich zur Überredung und Beeinflussung von Verhalten zu nutzen.

Optimize Video Advertising for Your Audience's Attention Level
Should you engage, persuade, or a little of both?

CONTEXT	ATTENTION LEVEL	ADVERTISING STRATEGY
CINEMA	Full attention	*Focus on persuasion:* use mostly information
TELEVISION MULTITASKING	Partial attention (mostly to ad screen)	*Balance both goals:* entertainment and information
MOBILE MULTITASKING	Partial attention (mostly to second screen)	*Compete for attention:* entertain on one screen, inform on the other
PEER-TO-PEER SHARING	Lack of attention	*Critical to gain attention:* entertain to grab attention from few, inform over time

SOURCE THALES TEIXEIRA © HBR.ORG

Abb. 5 Strategien zum Einfangen und Ausnutzen von Aufmerksamkeit mit Blick auf Verhaltensbeeinflussung.[11]

1.7 Aufmerksamkeitskaufleute

Die enge Verbindung zwischen Aufmerksamkeit, Kommunikation und Marketing hat die Grundlage einer Industrie für die geschaffen, die der Juraprofessor Tim Wu von der Columbia Law School *Aufmerksamkeitskaufleute* (Wu 2016) nennt. Das grundlegende Geschäftsmodell ist simpel: Ernte Aufmerksamkeit und verkaufe sie weiter für Marketing- und Reklamezwecke. Benjamin Day war Erfinder und Pionier des Geschäftsmodells sowie auch einer der Drahtzieher hinter einer Frühversion von Gratiszeitungen in den USA, The Penny Press, die in den 30er-Jahren des 19. Jahrhunderts entstand. Zeitungen wie *The New York Times* und *Wall Street Journal* waren damals Luxuswaren und mit einem Preis von sechs Cent wenigen vorbehalten. Day lancierte 1883 die *New York Sun* für einen Penny je Zeitung und unterbot damit alle Konkurrenten. Er unterbot sie nicht nur mit dem Preis. Das einzige und ausschlaggebende Kriterium für Geschichten bestand darin, wie viele Zeitungen sie verkaufen würden. Auch damals stand sensationeller, dramatischer und saftiger Kriminalstoff hoch im Kurs, Tag für Tag bei der Polizei und vor Gericht eingesammelt. Das verkaufte viele Zeitungen. Day war kein Journalist, sondern Geschäftsmann. Die Zeitung ließ es bei der Jagd nach mehr Lesern nicht mit Sensationsgeschichten im Boulevardstil bewenden. 1835 berichtete das Blatt in einer Artikelserie mit großem Erfolg, gemessen an den Verkaufszahlen, über die jüngste »wissenschaftliche« Entdeckung einer Rasse von Fledermausmenschen auf dem Mond. Sie war zusätzlich gewürzt mit der freizügigen Sexualität der Fledermausmenschen und deren promiskuitiver Lebensweise. Fake News sind keine Neuheit.

Wenn das einzige Erfolgskriterium im Verkauf möglichst vieler Zeitungen besteht, ist Wahrhaftigkeit kein wesentlicher Faktor. Es mussten damals richtig viele Zeitungen verkauft werden, damit das Ganze ökonomisch einen Sinn ergeben würde. Die Zeitungen wurden aber für weniger als die Deckung der Produktionskosten verkauft, weshalb der Absatz vieler Exemplare das Defizit noch vergrößert haben dürfte. Es wäre ein schlechtes Geschäft gewesen, wenn die eigentlichen Kunden die Leser als Zeitungskäufer gewesen wären. Die Leser aber sind gar nicht die Kunden im Geschäftsmodell des Aufmerksamkeitskaufmanns.

Abb. 6 Fake News aus der *New York Sun* 1835.

Die eigentlichen Kunden waren die Reklamebüros und Firmen, die Anzeigenplatz in der Zeitung kauften. Sie kaufen die Aufmerksamkeit der Leser: Die Leser selbst sind die Ware, zu deren Aufmerksamkeit die eigentlichen Kunden, die Werbekunden, sich Zugang erkaufen.

Dasselbe Geschäftsmodell läuft etwas mehr als hundert

Jahre später wieder im kommerziellen Fernsehen ab, wenn um die Aufmerksamkeit der Zuschauer als Ernteprodukt konkurriert wird. *Competing for eyeballs* heißt das brancheninterm. Die Aufmerksamkeit der Zuschauer wird an die Reklameindustrie verkauft, die in den Werbepausen ihre Botschaften präsentieren und auf ein breites Publikum einwirken kann. Je höher die Zuschauerzahl, umso höher die Aufmerksamkeit und umso höher der Preis für die Reklamesekunden.

Deshalb gilt auch hier, dass nicht die TV-Programme die wirkliche Ware sind, sondern Aufmerksamkeit. *Der Zuschauer ist nicht der Kunde, sondern das Produkt, das verkauft wird.*

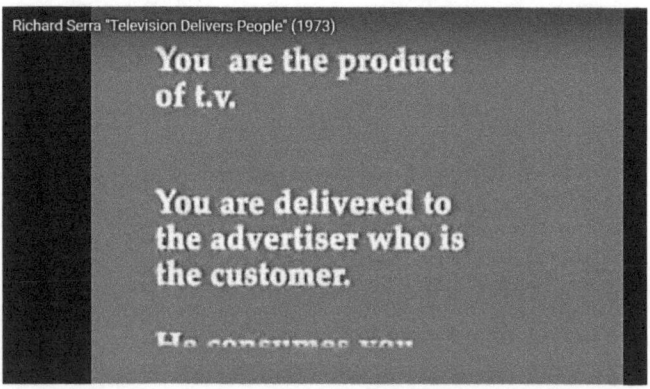

Abb. 7 Das minimalistische Videowerk TELEVISION DELIVERS PEOPLE des Künstlers Richard Serra von 1973.[12]

Die tatsächlichen Grundlagen der Aufmerksamkeitsökonomie bedeuten, dass Fernsehprogramme nur Mittel zum Zweck aus ökonomischer Perspektive sind: Mittel zur

Präsentation der Werbebeiträge. Sie bringen das meiste Geld für Rechnungen sowie Gehälter ein und generieren Profit. Das Ziel von Programmen im kommerziellen Fernsehen besteht darin, die Leute zu noch mehr Fernsehen zu animieren. So ist das Geschäftsmodell. Bleiben Sie dran. *Stay tuned.*

In den sozialen Netzwerken und auf den Plattformen des Internets kursiert ein Begriff, wonach du, wenn du nicht für das Produkt bezahlst, selbst das Produkt bist. Worauf auch der Medienforscher Douglas Rushkoff hinweist:

Frag dich selbst, wer für Facebook bezahlt. Normalerweise sind die, die bezahlen, die Kunden. Die Inserenten sind diejenigen, die bezahlen. ... Wir sind nicht Facebooks Kunden, wir sind das Produkt. Facebook verkauft uns an die Inserenten.[13]

Wer Dienste wie Google und Facebook als »gratis« auffasst, hat das Geschäftsmodell und die eigene Rolle darin missverstanden: *Der Nutzer ist nicht der Kunde, sondern das Produkt.*

1.8 Datensammlung

Unternehmen wie Facebook und Google sammeln Daten über unser Verhalten in großem Stil ein. Zusammen mit einer langen Reihe kleinerer Akteure, die auch vorgeblich kostenlose Produkte anbieten, verkaufen sie nicht nur unsere Aufmerksamkeit weiter an werbende Dritte, sondern auch einen Haufen Informationen über Nutzer. Dazu gehören all die Informationen, die man selbst durch Ausfüllen des eigenen Profils mit Angabe von Interessen, Alter, Geschlecht, politischer Zugehörigkeit, Beziehungsstatus usw. mitteilt. Jede abgegebene Information ist als Handelsware Geld wert. Das gilt auch für die großen Datenmengen, die fortlaufend über unser Onlineverhalten beispielsweise durch Cookies und andere (unsichtbare) Trackingprogramme generiert werden. Es werden Daten eingesammelt über alles Erdenkliche von der eigenen Onlinesuche, besuchten Sites, dem Engagement bei sozialen Medien bis zu Mailkontakten und Konsumgewohnheiten. Hat man kein vorsintflutliches Handy in der Tasche, gilt das auch für die eigenen physischen Bewegungen. Die *Hello-Barbie*-Puppe daheim als Ansprechpartner für das Kind sammelt Information. Sie schickt an den Produzenten Mattel, worüber das Kind spricht und folglich darüber, was es mag, sich wünscht und dergleichen.[14] Die gesammelten Daten können als Handelsware mit hohem Kurs für Informationen über Nutzer und Bürger auf einem florierenden Markt angeboten werden. Onlineüberwachung und der Weiterverkauf von Information, der durch Überwachung generiert wird, sind eine ausgeprägte Wachstumsindustrie.

Mit dem Einsammeln von Daten sind die im Netz agierenden Medien und Unternehmen einen Schritt weitergegangen als frühere Aufmerksamkeitskaufleute. Sie verkaufen nicht nur die Aufmerksamkeit des Publikums. Die

Information, die man erntet, wird für zielgerichtete Annoncen an den einzelnen Nutzer eingesetzt, um Volltreffer mitten in dessen Bedürfnissen, Interessen und Standpunkten zu landen. Die Information wird eingesetzt, um die Ausnutzung von Aufmerksamkeit zu optimieren. Hier ist der Nutzer vollends zum Produkt geworden. Facebook bringt das selbst zum Ausdruck:

Wir möchten, dass unsere Werbung genauso relevant und interessant für dich ist wie die anderen Informationen, die du in unseren Diensten findest. Vor diesem Hintergrund verwenden wir sämtliche Informationen, die wir über dich haben, um dir relevante Werbeanzeigen anzuzeigen.[15]

Weniger schön ausgedrückt bedeutet das, dass man dich überwacht und dass sämtliche Informationen über dich sowie deine Aufmerksamkeit zur Vermarktung verkauft werden. Diese Form von »Überwachungs-Marketing« (Taplin 2017) ist ein Geschäftsmodell, an dem Firmen wie Facebook und Google beträchtlich verdienen. Das Ziel der Überwachung sind Informationen über den Überwachten, und diese Informationen sind Macht: Macht zu überreden, Macht zu überzeugen, Macht zu manipulieren und Macht, das Verhalten des Überwachten zu beeinflussen. Und auch diese Art von Macht kann man missbrauchen.

1.9 Da, wo es wehtut

Information, die geerntet und mit der gehandelt wird, lässt sich zur Erstellung sehr präziser Profile der Nutzer verwenden und ist höchst effektiv bei der Vorausberechnung von Nutzerverhalten online wie offline. Mit der Menge eingesammelter Daten plus der Hilfe von jeder Menge Rechenleistung ist es möglich, sehr persönliche Informationen vorherzubestimmen, die Betroffene online gar nicht mitgeteilt haben. Auch wenn Angaben etwa zu Geschlecht, Alter oder Wohnung gar nicht übermittelt wurden, lassen sie sich ausrechnen und mit großer Genauigkeit bestimmen. Dieses Wissen hat aus der Marktperspektive enormen Wert. Es ist leichter, jemanden zu etwas zu überreden oder das Verhalten zu beeinflussen, wenn man ihn oder sie kennt und auf die richtigen Knöpfe drücken kann. Und genau dies machen all die Daten möglich.

Das Unternehmen Target wollte ausrechnen, ob Frauen schwanger waren, auch wenn sie das nicht angegeben hatten, um sie mit zielgerichtetem Marketing während der Schwangerschaft möglichst punktgenau anzusprechen. »Wir wussten, wenn wir sie während des zweiten Drittels [der Schwangerschaft] identifizieren können, würden wir sie über Jahre gefangen halten können ... sobald wir sie dazu gebracht haben, Windeln bei uns zu kaufen, werden sie auch anfangen, alles andere zu kaufen.«[16] Es funktionierte. Etwa ein Jahr, nachdem Target sein Marketing zielgerichtet auf Schwangerschaften eingerichtet hatte, erschien ein Vater in einem der Läden und regte sich darüber auf, dass seine 17-jährige Tochter eine an Schwangere adressierte Werbemail bekommen hatte. Als der Geschäftsinhaber später noch einmal mit dem Vater telefonierte, entschuldigte sich der Vater: Die Tochter *war* schwanger und wusste es selbst nicht.[17] Das Vorhersagepotenzial, das in Big Data liegt, umfasst die politische, religiöse, sexuelle Orientierung und andere private, sehr persönliche Einstufungen.

Daten können auch anderweitig verwandt werden als zur Präsentation »relevanter« Werbung, wie Facebook das so schön nennt. Die Informationen lassen sich zu aggressivem *Raubmarketing* (englisch *predatory advertising*) ge- beziehungsweise missbrauchen, das ohnehin verwundbare Menschen zielgerichtet da trifft, wo es am meisten wehtut. Die an der Harvard University promovierte Mathematikerin, Aktivistin und Autorin von *Weapons of Math Destruction* (2016) Cathy O'Neil weist darauf hin, dass man mit Kenntnis von Postleitzahl, demografischen Details, Gewohnheiten, Interessen und Konsumvorlieben effektiv und zielgerichtet Reklame an sozial und finanziell schwache Menschen richten kann: Gibt es Schwierigkeiten mit den privaten Finanzen, werden schnelle, aber teure Kredite angeboten, deren Rückzahlung haargenau auf den Tag der Lohnzahlung fällt. Hängt man fest in einem Job ohne Aussicht auf Aufstieg, werden Kurse an Universitäten mit hohen Studiengebühren angeboten. Der Grundgedanke beim Raubmarketing besteht darin:

... die verwundbarsten Personen zu lokalisieren und deren private Information gegen sie zu verwenden. Dazu gehört die Bestimmung, wo sie am stärksten leiden, was als Schmerzpunkt [engl. pain point] bekannt ist.[18]

Derart exponierten Menschen werden »falsche oder überteuerte (engl. *overpriced*) Versprechungen«[19] verkauft, indem man den wunden Punkt trifft. Diese Form von datenbasiertem Präzisionsmarketing findet man auch bei politischen Kampagnen, Reklamen und Anzeigen. Ist das Profil der Wähler bekannt, lassen sie sich viel leichter überreden, verführen oder manipulieren und beeinflussen, wo das Kreuz zu setzen ist – oder man bringt sie dazu, am Wahltag ganz daheim zu bleiben.

Für Geld kann man sowohl die Aufmerksamkeit der Wähler kaufen wie auch die Information, die benötigt wird, um ihr Verhalten in die gewünschte Richtung zu lenken. Das betrieb Barack Obamas Kampagne schon 2008, als das Mikromarketing in der Politik den Durchbruch schaffte. Mehr als eine Milliarde Mails wurden zielgerichtet vor allem an Junge und Angehörige von Minoritäten geschickt, um sie für die erstmalige Stimmabgabe und das Kreuz bei Obama zu mobilisieren.[20] Auch Hillary Clinton und Donald Trump machten es so bei ihren Wahlkampagnen 2016. Trumps Stab heuerte eine Firma namens Cambridge Analytica an, die sich auf dem Markt dergestalt anbietet, dass sie sowohl bei kommerziellen wie politischen Werbekampagnen »Daten einsetzt, um das Publikumsverhalten zu ändern«[21]. Sie reklamiert außerdem für sich, mit datenbasierter Profilierung einen Schritt weiterzugehen als andere. Ihre psychologischen Profile über Nutzer/Wähler/Bürger könnten das Präzisionsbombardement noch effektiver machen. Die psychologische Profilierung eröffnet (furchterregende) Möglichkeiten für den Einsatz etwa von Angst als Mittel gegenüber Menschen, die als furchtsamer Persönlichkeitstyp profiliert sind; so kann man sie wirklich da treffen, wo es am allermeisten wehtut.

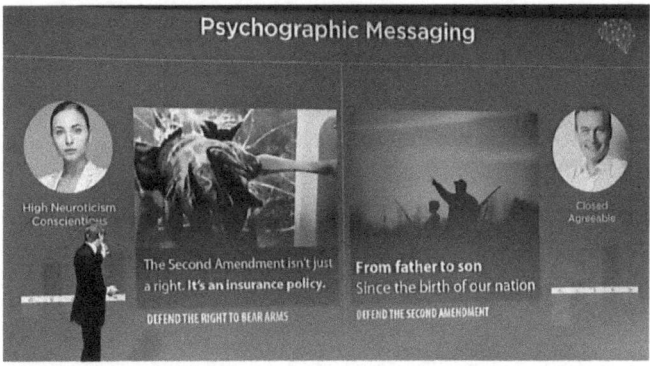

Abb. 8 Der CEO von Cambridge Analytica, Alexander Nix, illustriert das Potenzial von psychologischer Kartierung auf der Grundlage von Daten. Das Recht zum Tragen von Waffen ist die Botschaft, die verkauft werden soll. Ist man der bekümmerte Typ (hoher Grad an Neurotizismus), wird auf die Furcht vor Einbruch gesetzt und das Recht zum Waffentragen als mehr als nur ein »Recht« beschrieben, nämlich als eine »Versicherungspolitik« (links auf dem Bild). Wird man als »geschlossen« oder traditionsbewusst, aber auch »gutmütig« profiliert, richtet sich das politische Marketing danach. Das Recht zum Tragen von Waffen lässt sich in diesem Fall besser mit einem Jagdfoto und den Worten »Vom Vater zum Sohn. Seit der Geburt unserer Nation« verkaufen (rechts).[22]

Alexander Polonsky von der französischen Datenanalysefirma Bloom beschreibt die Kombination aus psychologischer Kartierung und Datensammlung als hoch potent:

Du kannst Dinge tun, von denen du nie zuvor geträumt hast. Das geht weit über das Teilen von Information hinaus. Man teilt Gedanken und Gefühle hinter dieser Information, und das ist extrem machtvoll.[23]

Wovon er träumt, klingt aus der Sicht der Bürger wie ein Albtraum. Die Aufmerksamkeits- und die Datenökonomie bergen finstere Zukunftsperspektiven, wenn sie uns zu Produkten machen, überwachen und Information gegen uns einsetzen, um unser Verhalten massiv zu beeinflussen und uns zu manipulieren.

Allerdings sieht es nicht unbedingt so aus, als sei die Welt hier schon angelangt. Genauso unklar ist, inwieweit Cambridge Analytica die Ehre oder Schuld, je nach Sichtweise, für Donald Trumps Wahlsieg zugeschrieben werden kann.[24] Es ist ungewiss, ob die psychologische Profilierung überhaupt angewandt worden ist und ob sie nicht vor allem ein (zündender) Verkaufstrick ist, um sich von anderen Datensammlungs- und Profilierungsfirmen auf dem Markt abzusetzen.[25]

Politik in den USA ist mit richtig viel Geld verknüpft. Das meiste Wahlkampfsilber geht für den Kauf von Aufmerksamkeit im Radio, Fernsehen und Internet drauf. Aber für gewaltige Mengen kostbarer Aufmerksamkeit wird gar nicht bezahlt. Als da wäre die Aufmerksamkeit, die Politiker in Gestalt von Erwähnung oder Redezeit im Nachrichtenstrom der Massenmedien bekommen. Hier hat Donald Trump die Nase weit vorn gehabt.

2 Der Nachrichtenmarkt

2.1 Der Meister der Tagesordnung

Bei einer Konferenz in San Francisco im Februar 2016 äußerte Leslie Moonves, Direktor der größten US-Fernsehgesellschaft CBS, über die Präsidentschaftswahl und Donald Trumps Kandidatur:

Das ist vielleicht nicht gut für Amerika, aber verdammt gut für CBS ... Mensch, wer hätte diesen Ritt für möglich gehalten, auf dem wir jetzt alle zusammen unterwegs sind? Das Geld rollt rein, und so macht das einfach Spaß.[26]

Die Aussage erregte Aufsehen und löste Kritik von Trumps republikanischem Gegenkandidaten Marco Rubio aus. Er startete eine Reklamekampagne mit dem Zitat als Beleg dafür, dass die Medien Trump aktiv unterstützten. Später hat sich Moonves damit verteidigt, die Bemerkung sei ein missverstandener und aus dem Kontext gerissener Witz gewesen.[27] Natürlich ist schwer zu entscheiden, ob hier gescherzt wurde, aber wenn man sich die Wahlberichterstattung von CBS anschaut, wirkt die Äußerung eher wie ein Anfall von Ehrlichkeit. Auf jeden Fall trifft sie ins

Schwarze: CBS gab Trump konsequent deutlich mehr Medienaufmerksamkeit als den Gegenkandidaten.

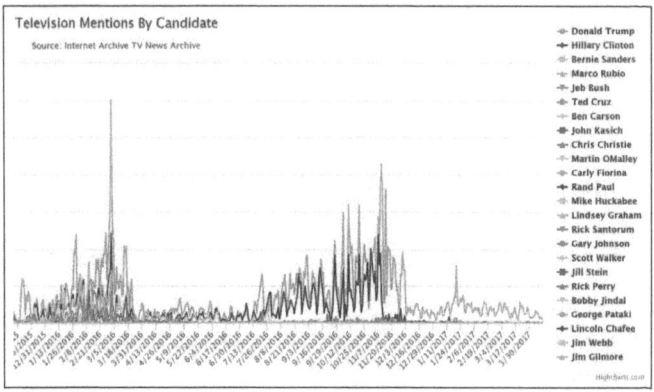

Abb. 9 Kurve zur Wahlberichterstattung von CBS gemessen an der Anzahl von Nennungen der Kandidatennamen.[28]

Damit stand CBS nicht allein. Donald Trump heimste den mit Abstand größten Anteil an Erwähnung und Berichterstattung in den Nachrichtenmedien ein. Im Vergleich zu den anderen Kandidaten bekam er unverhältnismäßig viel Aufmerksamkeit. Wie Trump selbst in einem Interview für die Sendung »Your World with Neil Cavuto« bei Fox News am 13. Oktober 2015 während seiner Kampagne für die Vorwahlen sagte:

Ich hab nichts für Reklame ausgegeben, weil du und Fox und all die anderen, ich will keine Namen nennen, aber alle anderen TV-Gesellschaften, ich meine, die geben mir viel Platz, milde ausgedrückt.[29]

Schafft man es auf die Tagesordnung der Massenmedien und wird erwähnt, bringt das kostbare, aber kostenlose Medienaufmerksamkeit, die über politischen Erfolg entscheidet. Seit Beginn der 1970er-Jahre haben viele empirische Untersuchungen den markanten Einfluss der Nachrichtenmedien auf die öffentliche Meinung bestätigt. Es gibt einen klaren Trend dahin, dass die Persönlichkeiten, Angelegenheiten und Geschichten, denen die Nachrichtenmedien herausgehoben Platz auf Titelseiten der Zeitungen oder ganz vorn in Fernseh- und Radioprogrammen geben, dieselben sind, die deren Publikum – die Öffentlichkeit – als die Wichtigsten ansieht. (McCombs & Shaw 1972; Dearing & Rogers 1996; McCombs 2002).

Abb. 10 Informationsdiät: Die Tagesordnung der Massenmedien wird zur Tagesordnung des Publikums.

Ohne Sichtbarkeit auf der Bühne der Nachrichtenmedien keine politische Durchschlagskraft in der Öffentlichkeit. Berichterstattung und die daraus folgende Sichtbarkeit sind politisch lebenswichtige Ressourcen für Kandidaten vor einer Wahl. Aber Berichterstattung ist auch eine *begrenzte* Ressource. Jeder Zeitung, jeder TV-Nachrichtensendung und jedem Radioprogramm steht nur begrenzt Platz zur Verfügung. Das setzt Grenzen dafür, wie viel Information und wie vielen Quellen oder Kandidaten das Medium Aufmerksamkeit geben kann. Deshalb sind die Dinge, Personen und Geschichten, die Berichterstattung bekommen, aus einem Überfluss an potenziellen Nachrichten und Geschichten ausgewählt, aus dem eben auch aussortiert wird. Der Kampf um einen Platz auf der Tagesordnung der Massenmedien und die Sicherung eines Anteils an dieser politisch lebenswichtigen Ressource ist deshalb ein Nullsummenspiel, bei dem viel Aufmerksamkeit bedeutet, dass andere Kandidaten entsprechend weniger bekommen. Vielleicht stand dies hinter einer bewussten Wahlkampfstrategie Trumps. Schon von einem Treffen mit einer Reihe politischer Akteure bei den Republikanern, die ihn zur Kandidatur als Gouverneur überreden wollten, wird Trump mit der Formulierung einer Strategie nicht nur zur Einnahme eines Gouverneurspostens, sondern des Weißen Hauses zitiert:

Ich werde allen Sauerstoff aus dem Raum komplett absaugen. Ich weiß, wie die Medien bearbeitet werden müssen, damit sie niemals das Scheinwerferlicht von mir wegdrehen.[30]

Allen Sauerstoff aus dem Raum absaugen ist eine wohlbekannte Metapher in der amerikanischen Politik. Hier
trifft sie den Nagel auf den Kopf und bezieht sich darauf,
dass jemand alle Aufmerksamkeit auf sich zieht und
nichts von der politischen Schlüsselressource für andere
übrig lässt. Der TV- und Realitystar Trump behauptete,
dass er die Nachrichtenmedien nach seiner Pfeife tanzen
lassen und eine Sichtbarkeit geschenkt bekommen kann,
die andere Kandidaten für gewaltige Summen kaufen
müssen. Er sollte recht behalten, wie sich später zeigte.
Aber diese breite Erwähnung wurde ihm nicht aus Freund-
lichkeit geschenkt oder weil man ihn als Präsident zu
sehen wünschte. So gut wie alle größeren und etablierten
Massenmedien waren von Anfang an politisch gegen
Trump oder wandten sich im Verlauf des Wahlkampfes
gegen ihn.

Scorecard	Hillary Clinton *Democratic*	Donald Trump *Republican*	Gary Johnson *Libertarian*	"NOT TRUMP"	NONE OF THE ABOVE	DID NOT ENDORSE
Total Endorsements	**57**	**2**	**4**	**3**	**5**	**26**
Total Circulation	13,095,067	315,666	738,750	3,243,140	440,976	6,102,180
Endorsed Obama in 2012	40	0	1	0	0	3
Endorsed Romney in 2012	14	2	3	1	4	7
Endorsed Johnson in 2012	0	0	0	0	1	0
Did not endorse in 2012	2	0	0	2	0	15
SPLIT in 2012	1	0	0	0	0	0

Abb. 11 Überblick über die Empfehlungen der amerikanischen Zeitungen
zur Präsidentschaftswahl 2016.[31]

2.2 Der unerwünschte Kandidat

Die großen Nachrichtenmedien wünschten sich nicht Trump als Präsident. Ein großer Teil der Berichterstattung war negativ. Auf breiter Front empfahlen die etablierten Medien die Gegenkandidatin Clinton. Bei den Empfehlungen der Zeitungen fällt ins Auge, wie massiv die Unterstützung für Clinton im Verhältnis zu Trump war.

Selbst erzrepublikanische Blätter wie *Arizona Republic* und *The San Diego Union-Tribune* sprachen sich zum ersten Mal in ihrer Geschichte für einen demokratischen Kandidaten aus. Die *USA Today*, die nie zuvor Kandidaten empfohlen und bei einer Präsidentschaftswahl Partei ergriffen hatte, brachte eine Empfehlung, *nicht* für Trump zu stimmen.[32]

Dieselbe negative Einstellung gegenüber Trump findet sich in der amerikanischen Fernsehlandschaft. Nach dem Start von CNN 1980 entstand im amerikanischen Kabel-TV eine vielfältige Schar großer wie kleiner Fernsehsender und Nachrichtenkanäle. Die Kabelsender konkurrieren nicht um dasselbe breite Publikum wie die ursprünglichen drei großen TV-Gesellschaften in den USA (CBS, NBC, ABC). Sie wenden sich an unterschiedliche Zuschauersegmente und liefern Programme für Zuschauer mit spezifischen Interessen. Sport, Musikvideos, Tierprogramme, Science-Fiction, Geschichte – wo sich ein Publikum mit speziellen TV-Bedürfnissen findet, gibt es auch einen Kanal im Kabel-TV, der diese befriedigt. Das gilt genauso für die politische Nachrichtenberichterstattung.

Der Nachrichtenkanal mit dem größten Publikum im amerikanischen Kabel-TV war 2016 der Fox News Channel.[33] Er hatte gigantischen kommerziellen Erfolg mit der Produktion und dem Angebot politisch gefärbter und rechtsgerichteter – *biased* – Nachrichtenberichterstattung für ein großes Publikumssegment auf dem konservativen, rechten Flügel. Die Medienforschung hat nachgewiesen, was sich auch mit eigenen Augen in wenigen Minuten auf dem Kanal konstatieren lässt, nämlich dass Fox News dem eigenen – fast komischen – Slogan »fair und ausgewogen« nicht nachkommt. Ein Beispiel waren die Parteikonvente 2004, als der Sender zum Mikrofonhalter für republikanische Kandidaten wurde. Sie erhielten mehr Sende- und Redezeit als die demokratischen. Die kamen nicht auch nur annähernd so viel zu Wort, wurden aber stattdessen von den Moderatoren kritisiert (Morris & Francia 2009). Nachrichtenproduktion für ein spezifisches, politisch nachweislich sehr stark eingefärbtes Publikum kann ein richtig gutes Geschäft sein. Das hat auch die Konkurrenz entdeckt. Auf der anderen Seite des TV-Spektrums versucht MSNBC, das Kunststück von Fox News am linken Flügel nachzumachen. MSNBC hat sich auch von Balance und Fairness verabschiedet – nur in die entgegengesetzte Richtung. Kabelfernsehen in den USA hat zur Polarisierung des Medienbildes und -konsums zwischen linkem und rechtem Flügel beigetragen, sodass verschiedene politische Gruppierungen unterschiedliche, politisch ausgerichtete Nachrichtenkanäle und Programme sehen. Aber Trump schafft es trotzdem, sich auf ganzer Linie unbeliebt zu machen. Dass MSNBC die ganze Zeit über sein verbissener Gegner war, überrascht nicht. Aber sogar Fox News wandte sich zeitweise gegen Trump, als er während des Wahlkampfs die hauseigene Moderatorin Megyn Kelly frauenfeindlich angriff und unterstellte, sie sei – zurückhaltend ausgedrückt – von weiblichen Hormonen getrieben, weil sie ihm ironischerweise kritische Fragen zu seinem Frauenbild gestellt hatte.

Dass Fernsehkanäle von Fox bis MSNBC Trumps Kandidatur kritisch gegenüberstanden, spiegelte sich nicht im Schema für seine Wahrnehmbarkeit und die Erwähnungen in der Wahlkampfberichterstattung wider: Er bekam überall am meisten.[34]

Ob sie ihn nun leiden konnten oder nicht, die *Geschichte* war einfach zu gut. Trumps spektakuläre Wahlkampagne brachte zu viele Zuschauer, um nicht die Kameras mit dem Trump-Gerede in Schwung zu halten. Obschon die etablierten Massenmedien politisch generell gegen Trump waren, hatte er doch noch viel stärkere Kräfte auf seiner Seite: die des Marktes auf dem kommerziellen Nachrichtenmarkt in den USA samt der daraus folgenden Medienlogik.

2.3 Medienlogik

Wenn Nachrichtenmedien Beiträge auswählen und produzieren oder aussortieren, geschieht das nach Kriterien,
die »die gute Geschichte« ausmachen. Die Kriterien machen die sogenannte Medienlogik aus (Esser & Matthes
2013).[35] Sie ist ein Bündel mit Regeln und Normen für
Auftreten und Handeln. Medienlogik ist eine institutionalisierte Form, Dinge zu tun, ein *Modus Operandi*, oder
auch eine Reihe von Spielregeln für Medienbeschäftigte,
die bewusst oder unbewusst bei der Auswahl und Her-
stellung der Geschichten angewandt werden, wenn es an
die Tagesordnung geht.

Medienlogik hat drei Dimensionen, die von verschiedenen Medieninstitutionen, Milieus und Märkten un-
terschiedlich im Verhältnis zueinander gewichtet werden: journalistische Ideale, kommerzielle Interessen und
technologische Voraussetzungen.

Journalistische Ideale

Die gute Nachrichtengeschichte soll wahr sein und die
Kriterien für Nachrichtenwert erfüllen, die in Rolle und
Selbstverständnis der Journalistik als Eckstein der Demokratie verankert sind: Die Presse hat eine Aufklä-
rungsfunktion und gegenüber der Bevölkerung gesellschaftliche Verantwortung. Sie soll die Bürger über das
Wesentliche informieren, gesellschaftliche Probleme
beleuchten, Torwächter für die öffentliche Debatte sein,
deren Qualität bewahren, Lügen, Unwahrheit sowie

Unsinn aussortieren und damit die öffentliche Meinung qualifizieren. Gleichzeitig soll sie die Rolle des Wachhunds gegenüber den Machthabern ausfüllen und diese vor der Bevölkerung zur Verantwortung ziehen sowie Machtmissbrauch enthüllen. Die demokratische Schlüsselrolle der Presse setzt journalistische Werte wie politische und ökonomische Unabhängigkeit, ausgewogene Berichterstattung, Wesentlichkeit als Auswahlkriterium, Transparenz und Unbestechlichkeit, Wahrhaftigkeit und Präzision voraus. Bei öffentlich-rechtlicher Verankerung geht es darum, Medien auf eine demokratische Verantwortung für Aufklärung zu verpflichten und sie dabei zu unterstützen, sodass sie Programme von »allseitiger, kultureller und aufklärender Art« machen, wie es im dänischen Radiogesetz von 1926[36] heißt.

Kommerzielle Interessen

Aus kommerzieller Sicht ist die gute Nachrichtengeschichte eine, bei der ein großes Publikum von Lesern, Hörern und Zuschauern Feuer fängt. Also eine, die viel Aufmerksamkeit erntet – die dann wiederum gewechselt wird gegen oft ausgesprochen wichtige Werbeeinnahmen. Das kommerzielle Ziel verlangt den Fokus auf das Spektakuläre sowie Dramatische und bewegt die Berichterstattung in Richtung Unterhaltung. Joseph Pulitzer, Namensgeber des hoch geachteten Pulitzerpreises, hat schon 1904 klargemacht, dass zwischen journalistischen Aufklärungsidealen und kommerziellen Interessen ein Konflikt besteht: Sie bewegen sich in entgegengesetzte Richtungen, die eine hin zu Verantwortung für die Aufklärung der Öffentlichkeit und die andere zur Verantwortung für den finanziellen Ertrag der Aktionäre (Siebert et al., 1963). Das, was gut auf dem Markt funktioniert, ist nicht unbedingt identisch mit dem, was sich positiv auf Aufklärung und Demokratie auswirkt. Eine Umformulierung von Leslie Moonves' Aussage (»Es ist vielleicht nicht gut für Amerika, aber es ist verdammt gut für CBS«) könnte lauten: Was CBS finanziell nützt, nützt Amerika nicht demokratisch.

Technologische Voraussetzungen

Die Medientechnologie setzt Bedingungen dafür, was im Medienformat funktioniert. Soll mit einem TV-Beitrag eine gute Geschichte geliefert werden, bedarf es dazu guter Bilder. Im Fernsehen sollen politische Botschaften möglichst in sehr kurzen *soundbites* ausgedrückt werden können. Die Medienform und das -format spielen eine wesentliche Rolle dafür, welche Botschaften erfolgreich ankommen und wie sie das tun. Der Medientheoretiker Marshall McLuhan hat es in einer berühmt-berüchtigten Behauptung zugespitzt: Das Medium *ist* die Botschaft (McLuhan & Flore 1967). Ein illustratives Beispiel lieferte die erste im Fernsehen übertragene Wahldebatte in den USA zwischen Kennedy und Nixon 1960.

Abb. 12 Die erste direkt übertragene TV-Debatte im Präsidentschaftswahlkampf zwischen Nixon und Kennedy 1960.

Hinterher erwies sich bei einer Umfrage, dass die Mehrzahl der Radiohörer Nixon als Sieger sah, während den Fernsehzuschauern zufolge Kennedy gewonnen hatte. Diese Umfrage ist allerdings umstritten und wurde für eine statistisch zu dünne Grundlage kritisiert (Campbell 2016). Andererseits zeigen Experimente, dass die Einstufung, welcher Kandidat am besten abgeschnitten hat, für Radiohörer enger an Übereinstimmung beim politischen Inhalt geknüpft ist, während für Zuschauer die Persönlichkeit mehr bedeutet (Druckman 2003). Aussehen, Charme und gute Bilder zählen mehr in der Politik, wenn sie sich im Fernsehen abspielt. Dass das Medium entscheidend für die Botschaft war, entsprach auch Kennedys eigener Wahrnehmung. Nachdem er einen knappen Sieg bei der Präsidentschaftswahl eingefahren hatte, meinte er:

Mehr als alles andere hat das Fernsehen das Blatt gewendet.[37]

Im kommerziellen Fernsehen generell können Persönlichkeit, Image und schnelle Wortwechsel leicht die politische Substanz ersetzen. Das passt zur bildabhängigen Medienform und bringt mehr Zuschauer. Aber die Konsequenz kann so weit gehen, dass Nachrichten und Politik zu reiner Unterhaltung werden, wie sich nicht zuletzt in den USA als Trend zeigt.

2.4 Unterhaltung als Ideologie

Weder politische Parteilichkeit gegen Trump noch journalistische Verantwortung für die Gesellschaft konnten sich gegen die kommerziellen Motive durchsetzen, die in der herrschenden Medienlogik auf dem US-Nachrichtenmarkt am schwersten wiegen. Beim Marketing gilt genau wie bei der Nachrichtenproduktion: Geht es allein um das Ernten von Aufmerksamkeit, ist Unterhaltung die effektivste und am meisten angewandte Methode, sie einzufangen und festzuhalten. Deshalb siegt der Unterhaltungswert über alle anderen Kriterien. Er bringt ein großes Publikum, und auf einem rein kommerziellen Medienmarkt sticht er die politischen Haltungen und ideologischen Positionen von Journalisten aus. Wie der Medientheoretiker und -kritiker Neil Postman in seinem Klassiker *Wir amüsieren uns zu Tode* formuliert:

Unterhaltung ist die beherrschende Ideologie für den gesamten Diskurs im Fernsehen.[38]

Ideologie zeichnet sich dadurch aus, dass sie strukturell wirkt und teilweise unabhängig von Haltung und Willen des einzelnen Menschen. Oft geht es um Gewohnheit und Routine. Würde CBS Trump nicht zeigen, hätten sich halt die anderen TV-Sender damit die Zuschauer gesichert und somit auch die Werbeeinnahmen. In einer kommerziellen Medienlandschaft, in der schon der Unterhaltungswert die Nachrichten antreibt, kann viel Berichterstattung und Wahrnehmbarkeit damit gewonnen werden, dass man eben … unterhaltsam ist. Ausreichend skandalös, rhetorisch grob und politisch extrem zu sein, kann den festen Fokus der Kameras auf sich selbst sicherstellen und die Aufmerksamkeit der Öffentlichkeit einfangen – womit nicht mehr viel übrig bleibt für die Gegenkandidaten. Das gelang Trump. Er war durchgehend spektakulär sowie auf Konflikt aus und dramatisch. Das ist gutes Fernsehen.

Nicht nur bei den traditionellen Medien hatte Trump die Medienlogik auf seiner Seite. In noch stärkerem Maß war das online und bei den sozialen Medien der Fall. Wie sieht der Markt für Onlinemedien aus, und wie schlug das zum Vorteil für Trump aus?

2.5 Der freie Onlinemarkt für Nachrichten

Das Internet hat den Markt für Onlinenachrichten geschaffen und den monopolähnlichen Status der Massenmedien als Produzent und Verteiler von Nachrichten und
Informationen gebrochen. Dies ist eine Folge der Entwicklung in der Informations- und Digitalisierungstech-
nologie und der dezentralen Informationsstruktur, die
das Internet liefert. Die Digitalisierung von Text, Bildern,
Ton und Video sowie die (Smart-)Telefontechnologie haben die Produktionsbedingungen für Medien- und Nach-
richtenerzeugnisse so verändert, dass die früheren Medien-
verbraucher jetzt potenzielle Medien*produzenten* sind.
Jeder mit einem Handy in der Tasche und Computerpro-
grammen wie Photoshop zur Nachbehandlung oder Manipulation von Bildern, Ton und Video kann Medienprodukte herstellen, die früher einen enormen, teuren, nur
großen Massenmedien zur Verfügung stehenden Produk-
tionsapparat vorausgesetzt haben. Jetzt liefern das Internet und die sozialen Medien eine Infrastruktur, die es
leicht und billig macht, eine Botschaft oder eine Nachricht zu veröffentlichen und zu verbreiten. Das hat Bürger
zu potenziellen Bürgerjournalisten gemacht und Nachrichtenplattformen sowie Nischenmedien als Diskussions-
foren und für alle möglichen speziellen Interessen sprie-
ßen lassen. Zur dezentralen Netzwerkstruktur gehört
auch, dass es keine journalistischen Torwächter – *gate-
keepers* – gibt, an denen man vorbeimüsste, um Nachrichten zu publizieren und zu distribuieren. Sie können
viral und dabei sogar anonym verbreitet werden, wenn

man eine Plattform nutzt, die das erlaubt, oder da, wo es nicht erlaubt ist, ein Profil mit falschen Angaben einrichtet.

Trotz dieser neuen Bedingungen für die Nachrichtenproduktion und -vermittlung mit einer Öffnung des Nachrichtenmarkts scheint sich die Nachrichten*diversität* überraschenderweise nicht grundlegend geändert zu haben. Eine Studie zur Tagesordnung bei Twitter (Bryan et al. 2014) kommt zu dem Schluss, dass genau wie bei den Massenmedien auch online nur eine begrenzte Menge verschiedener Geschichten und Nachrichten Aufmerksamkeit auf sich zieht. Traditionelle Nachrichtenmedien, Journalisten, Netzmedien und Twitternutzer kopieren oder teilen gegenseitig ihre Geschichten und Nachrichten, sodass dieselben wenigen Inhalte mit geringen Variationen und Kommentaren immer neu zirkulieren. Eine andere empirische Untersuchung lokaler Twittermilieus in sechs verschiedenen Ländern (Humprecht & Esser 2017) kommt zu dem Ergebnis, dass die Vielfalt bei der Auswahl von Nachrichtengeschichten umso größer wird, je stärker die Stellung öffentlich-rechtlicher Medien im jeweiligen Land ist: Ein völlig freier und kommerzieller Nachrichtenmarkt führt nicht notwendigerweise zu größerer Diversität bei der Auswahl der Nachrichtengeschichten. Dasselbe gilt für die Diversität der Nachrichtenquellen, die Aufmerksamkeit bekommen und gehört werden. Die Aufmerksamkeit im Netz folgt nämlich nicht einer Normalverteilung, sondern einer Potenzverteilung. Wenige große Akteure nehmen den Hauptanteil an Aufmerksamkeit der Menschen in Beschlag (Hindman 2009; Webster 2014). Alle anderen müssen um die sehr begrenzte Aufmerksamkeit am immer schmaleren Schwanz der Potenzverteilung kämpfen. Es ist wie bei der Weltwirtschaft – 1 % sitzen auf 50 % der Güter dieser Welt, und alle anderen 99 % müssen um die restlichen 50 % kämpfen.

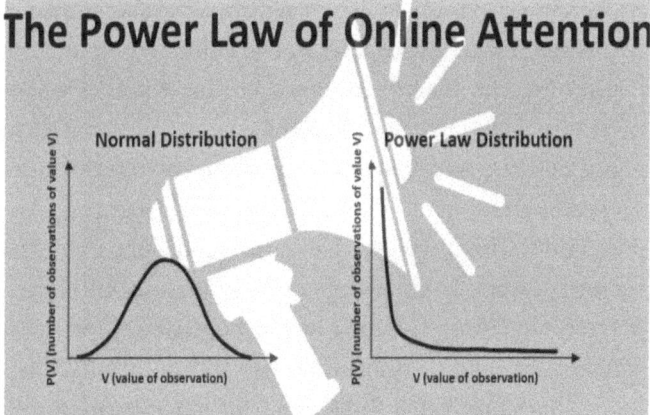

Abb. 13 Der Gewinner bekommt alles – oder jedenfalls schnappen sich einige wenige Akteure das Gros der Aufmerksamkeit im Netz; will heißen, dass wir es mit einer Potenzverteilung statt einer Normalverteilung zu tun haben.

Deshalb ist es wesentlich für den Nachrichtenmarkt, wer die großen, die Tagesordnung bestimmenden Akteure sind und wie sie zu den journalistischen Idealen, kommerziellen Interessen und technologischen Möglichkeiten für Nachrichtenproduktion stehen.

2.6 Alternative Medien und Alt-Right

Neue alternative Stimmen können die Journalistik und die öffentliche Debatte bereichern. Das setzt aber voraus, dass auch neue Medien im Licht journalistischer Aufklärungsideale und Tugenden operieren.

In den USA hat sich der Trend zum Wegfall journalistischer Standards für politisch gefärbte Berichterstattung schon viel stärker durchgesetzt. Die Politisierung und Polarisierung von Nachrichtenmedien, bei Kabel-TV-Sendern wie Fox News und MSNBC vor geraumer Zeit in Gang gesetzt, schlagen im Internet noch tiefgreifender und radikaler durch. Journalistische Ideale wie ausgewogene und wahrhaftige Berichterstattung, die ohnehin kräftig unter Druck kommerzieller und politischer Interessen geraten sind, Unterhaltung sowie politisierte Berichterstattung zu liefern, spielen als Bestandteil der Medienlogik überhaupt keine Rolle mehr für eine der allergrößten Nachrichtenplattformen online: Breitbart.

Breitbart wurde 2007 von Andrew Breitbart gegründet und war von Beginn an rechtskonservativ. Sie unterstützte aktiv die Tea-Party-Bewegung – anti-elitär, Anti-Washington und nicht zuletzt Anti-Obama. 2012 übernahm Steve Bannon den Chefsessel. Bannon fuhr eine noch weitergehende Linie, sodass sich Breitbart unter seiner Führung zum Sammelpunkt für rechtsextreme Unterströme von Misogynie (Frauenhass), Homophobie, Islamophobie, weiße Vorherrschaft (*white supremacy*) und Antisemitismus entwickelte.[39] Breitbart wurde Knotenpunkt und Sprachrohr für Alt-Right – die Alternative Rechte.

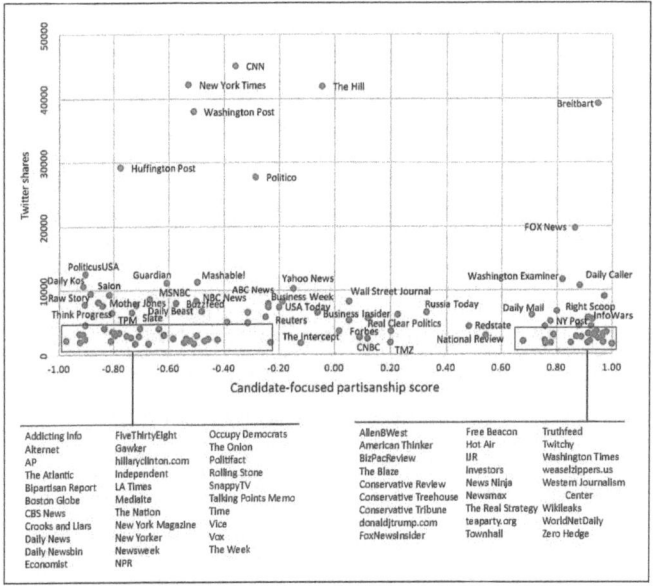

Abb. 14 Quellen der Nachrichtenbeiträge, die von den Followern Clintons und Trumps jeweils auf Twitter geteilt wurden.[40]

Die Bewegung ist bunt zusammengewürfelt und wird nach den Worten ihres selbst ernannten Sprechers Milo Yiannopoulos in erster Linie zusammengehalten von dem, wogegen man ist: Multikulti, Immigration, Feminismus und vor allem *politische Korrektheit*, die die (Meinungs-)Freiheit untergrabe und im politischen Establishment einschließlich etablierter Medien vorherrsche.[41]

Der Kampf der Linken für die Gleichberechtigung von Geschlechtern, ethnischen Gruppen und sexuellen Orientierungen wird als Kampf *gegen* weiße, heterosexuelle Männer aufgefasst, die nun zu den tatsächlichen

Opfern von Diskriminierung geworden seien. Dem extremistischen »weißen Nationalisten« Richard Spencer zufolge, Urheber des Begriffs Alt-Right, handelt die gesamte Bewegung von »weißer Identität«.[42] Alt-Right ist aggressive Identitätspolitik vom äußeren Rand der Rechten. Rassistische, frauenfeindliche, homophobe oder antisemitische Botschaften, oft humoristisch und ironisch verpackt, werden online als Kampfbeiträge verbreitet. Auf der andersherum politisch polarisierten Seite steht in den USA eine Linke, die Warnungen (*trigger warnings*) auf Büchern und sichere Umgebungen (*safe spaces*) fordert. Ein Teil der Onlinemilieus ist Schlachtfeld für polarisierte Internetkrieger. Zu den bevorzugten Waffen gehören *memes*. Internet-Meme sind Informationseinheiten oder -produkte in Gestalt von Bild, Video, einem Text, verschieden kombiniert. Sie werden mittels Kopierens und leicht abgewandelt von Person zu Person weitergetragen, von Nutzer zu Nutzer. Die digitale Technologie hat es leicht gemacht, Meme zu produzieren, zu kopieren und zu manipulieren. Und das Internet ermöglicht die Verbreitung – anonym.

Meme können effektive Mittel für eine Taktik sein, die von der Alt-Right-Bewegung emsig angewandt wird: dem *Trollen*. Trollen besteht darin, mit Onlineverhalten bewusst Verärgerung oder Zorn bei denen zu provozieren, die getrollt werden.

Abb. 15 Anti-Clinton-Meme mit antisemitischen Untertönen, die anonym auf einer White-Supremacy-Plattform ausgelegt und später von der Trump-Kampagne retweetet wurde. Nach scharfer Kritik löschte der Trump-Stab dies zugunsten einer Version mit einem Kreis anstelle des roten Davidsterns.[43]

Das verschafft dem Troll Aufmerksamkeit und kann das Troll-Opfer zu einem Gegenangriff treiben und dazu, sich im Zorn selbst heuchlerisch zu präsentieren. Gibt man dem Troll Aufmerksamkeit, wie negativ besetzt auch immer, wird das als Sieg betrachtet: Dies ist ja das Ziel beim Trollen. Als Clinton bei einer Wählerversammlung in Reno, Nevada, am 26. August 2016 vor dem Extremismus von Alt-Right warnte, sahen das deren Anhänger als Sieg an.[44] Man hatte es auf die Tagesordnung des Establishments geschafft, Aufmerksamkeit von den Mainstream-Medien bekommen und war aus den dunklen Unterströmen des Netzes aufgestiegen als echter, ernst zu nehmender Kontrahent. »Trolle bitte nicht füttern«, heißt es. Aber der Troll wurde gefüttert, und er wurde stärker.

Der Kampf *gegen* die politische Korrektheit wurde zu einem Kampf *für* Trump. Mit seinen rassistischen, frauenfeindlichen und extremen Äußerungen wurde er ein Kandidat, der die Alt-Right mobilisierte, die wiederum mit Breitbart zu seiner Unterstützung zusammengebracht werden konnte. Das bewerkstelligten die Beteiligten mit durchschlagender Wirkung. Zuerst gegen republikanische Gegenkandidaten bei den Vorwahlen und gegen Fox News. Man attackierte sie als angeblichen Teil der linken Presse, die insgeheim daran arbeite, mehr Immigranten ins Land zu lassen. Als Trump zum republikanischen Präsidentschaftskandidaten gewählt war, wurde Ernst gemacht beim Kampf gegen Clinton. Der lief gut. Es gelang, einen Großteil der Tagesordnung online zu besetzen. Die am stärksten zirkulierenden und meistgelesenen Geschichten in den sozialen Medien handelten überwiegend von Trumps Vorzügen und Clintons Bestechlichkeit.[45]

- »Papst Franziskus schockiert die Welt, unterstützt Trumps Präsidentschaftskandidatur«
- »WikiLeaks bestätigt, dass Hillary dem IS Waffen verkauft hat ... und legt einen Knüller nach«
- »FBI-Beamter mit Verbindung zu Hillarys E-Mail-Leaks tot in Wohnung aufgefunden; Mord-Selbstmord«

2.7 Ja, aber was ist mit ihren E-Mails?

Es gelang der Alt-Right-Bewegung und den Kreisen um das Sprachrohr Breitbart auch, die Tagesordnung der etablierten Medien so zu bestimmen, dass sie Wasser auf Trumps Mühlen war. Zu diesem Schluss kommt eine umfassende Studie zur Tagesordnung, die in der *Columbia Journalism Review* erschien.[46] Die Studie weist nach, dass die etablierte Presse in der Schlussphase des Wahlkampfes ihre Aufmerksamkeit mehr auf Trumps Kernthemen konzentrierte als auf Clintons.

Sie konzentrierte sich auch in weit stärkerem Maß auf Clintons Skandale als auf Trumps.

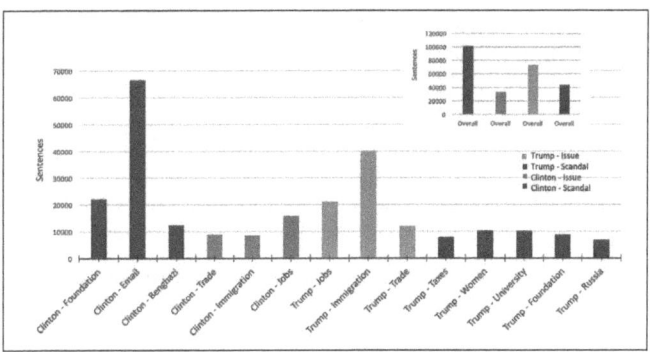

Abb. 16 Anzahl von Sätzen in den etablierten Medien, die jeweils Trumps und Clintons politische Themen bzw. Skandale betreffen.[47]

Auch wenn die etablierte Presse gegen ihn war, übernahm sie eine Tagesordnung, die so gut wie ausschließlich um Trumps Zuwanderungspolitik und Clintons Bestechlichkeit kreiste. Alle wussten über Trumps lautstarke »Baut eine Mauer«-Politik Bescheid. Was war eigentlich Clintons Zuwanderungspolitik? Sie wurde übertönt vom taktfesten Ruf der Trump-Anhänger, sie solle eingesperrt werden (»*Lock her up!*«). Das Online-Milieu trug zur Verstärkung der extremistischen Stimmen bei, die damit nicht nur allein Einfluss auf kleinere Nischen bei Onlineplattformen wie Reddit und 4chan, sondern auch in der breiteren Öffentlichkeit bekamen. Die Tagesordnung von Alt-Right wurde Mainstream.

Auch wenn das Netz und der offene, wächterlose Nachrichtenmarkt der sozialen Medien neuen, politisch unkorrekten und in den USA extremistischen Stimmen einen Platz in der Öffentlichkeit verschafft haben, deutet die Medienforschung nicht darauf hin, dass die sozialen Medien generell das Machtverhältnis zwischen der politischen Elite und den Bürgern zum Vorteil von Letzteren geändert haben.

2.8 Die sozialen Medien: Sprachrohr der Elite

Facebook und Twitter haben zur Folge, dass Bürger unabhängig von den Massenmedien miteinander politisch debattieren können. Sie haben neue Möglichkeiten geschaffen, sich demokratisch online zu organisieren und zu engagieren. Aber das ist nicht dasselbe wie *zu Wort zu kommen* gegenüber den Machthabern oder Einfluss auf die Tagesordnung zu haben. Nicht nur die Bürger können kritische journalistische Torwächter umgehen. Auch die

Politiker können das. Die sozialen Medien, die es möglich gemacht haben, direkt zu den Politikern zu sprechen, haben zugleich den Politikern ein direktes Sprachrohr zu ihren Anhängern und der Öffentlichkeit geschenkt. Deshalb kann die Nutzung sozialer Medien auch zum Vorteil der Politiker ausschlagen. Eine empirische Studie zur Nutzung von Twitter als Nachrichtenquelle in vier niederländischen und vier britischen Zeitungen von 2007 bis 2011 kommt zu dem Schluss:

Spitzenquellen können mittels Twitter mehr Kontrolle über die öffentliche Debatte erreichen. Nachrichten sind nicht länger ein Produkt von Verhandlung, sondern nur Resultat von Einweg-Kommunikation. Mitten in einem Mediensturm nicht Journalisten zur Verfügung zu stehen [...], sondern stattdessen einen Tweet auszuwerfen, wie es der niederländische Politiker Geert Wilders tut, ist eine wirkungsvolle Strategie, einen Rahmen für den Nachrichtendiskurs zu setzen und ihn zu kontrollieren.[48]

Die sozialen Medien sind zu einer Nachrichtenquelle für Journalisten geworden. Dabei zeigt sich auch eine Tendenz zur Berichterstattung über die Posts oder Tweets aus der politischen Elite (Skogerbø, et al. 2016). Das erzeugt einen kurzgeschlossenen Medienkreislauf, in dem man (politisierend) über eine Nachricht tweeten kann, die man im Fernsehen sieht, was im Folgenden von den Massenmedien aufgegriffen wird, die den jeweiligen Tweet dann als Nachricht bringen.

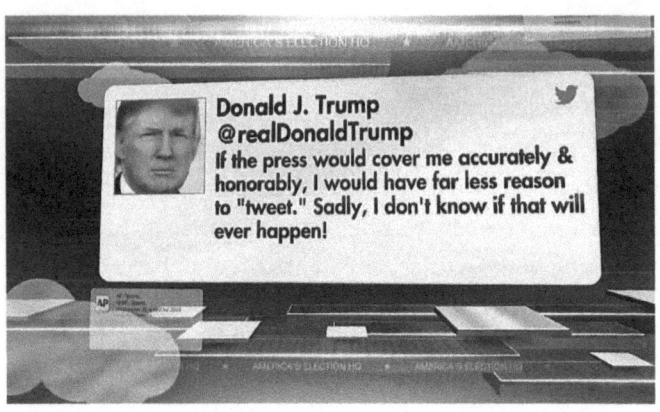

Abb. 17 Nachrichtenbeitrag bei Fox News über einen Tweet von Trump, in dem er Unehrlichkeit und Mangel an Präzision der Presse als Grund dafür angibt, dass er so viel tweetet.[49]

Mit einem Twitter-Account kann man die Medien genauso *trollen* wie die Öffentlichkeit und damit den Sauerstoff aus dem Raum absaugen. Diese Kunst beherrscht Trump meisterhaft, und er weiß das.

Ohne Tweets wäre ich nicht hier [im Weißen Haus].[50]

Das stellt die amerikanischen Nachrichtenmedien vor ein Dilemma: Da Trump Präsident ist, haben seine Tweets praktisch per Definition Nachrichtenwert – auch den journalistischen Nachrichtenkriterien zufolge. Aber das macht seinen Twitter-Account zugleich zu einem schlagkräftigen Instrument der Aufmerksamkeitsökonomie. Wenn die Tagesordnung begrenzt ist, können extreme und spektakuläre Tweets als Ablenkung und zur Verwirrung von Nachrichtenmedien und Öffentlichkeit dienen.

Sie nehmen die begrenzte Aufmerksamkeit sowohl der Nachrichtenmedien wie der Öffentlichkeit in Beschlag, die sich sonst auf Dinge richten könnte, in denen vielleicht mehr Substanz steckt. Mit der Logik der Medien politisch zu spekulieren ist nichts, was Trump erfunden hätte. Das ist das Wesen des politischen Spins.

3 Aufmerksamkeitsspekulation und politische Blasen

3.1 Spin

Mit geschicktem Spin haben Politiker von Zeit zu Zeit Journalisten auf deren eigenem Territorium schlagen können, indem sie sich die Medienlogik aus dem vorhergehenden Kapitel zu eigen machten. Das muss nicht, wie im Fall Trump, zwangsläufig und ausschließlich durch das Verbreiten unterhaltsamer, spektakulärer und laut tönender Geschichten geschehen, die viel Aufmerksamkeit auf dem kommerziellen Medienmarkt an sich reißen. Derselbe Effekt lässt sich auch mit dem Ausspielen professioneller journalistischer Tugenden erzielen, wie etwa mit dem ja durchaus edlen Motiv, aus dem Kreis der Macht zu berichten und die Öffentlichkeit mit dem Spiel bekannt zu machen, das hinter verschlossenen Türen abläuft. Wer mit Erfolg auf der Medienklaviatur spielt, kann in der medialisierten Gesellschaft enorme politische Gewinne einfahren.

3.2 Medialisierte Politik

Medialisierung bezeichnet eine Entwicklung, bei der die gesellschaftlichen Institutionen zunehmend von den Medien abhängig werden und sich deren Prämissen anpassen (Hjarvad 2008). In der medialisierten Gesellschaft setzen Medien die Bedingungen für soziale Interaktionen und Beziehungen, Handel und Marketing, Wissenschaft und Debatten, Aktionismus und Politik. Wenn man als politischer Aktivist eine Demonstration oder ein Happening zur Verbreitung einer politischen Botschaft veranstaltet, ist Berichterstattung in Medien von entscheidender Bedeutung, damit die Botschaft auch nur den Hauch einer Chance bekommt, von anderen als den Aktiven selbst wahrgenommen zu werden. Es ist gleichgültig, ob man »Wall Street besetzt«, wenn das nicht gefilmt wird. Medialisierung erzeugt deshalb für Aktivisten einen kräftigen Anreiz, entsprechend den Prämissen der Medien zu handeln.

In der medialisierten Gesellschaft geht es immer darum, Material für *die gute Geschichte* zu liefern, die von Medien auf ihre Tagesordnung gesetzt wird. Das gilt nicht zuletzt in der Politik. Medialisierte Politik wird betrieben, wenn politisch Handelnde wie Minister, Spindoktoren, Presseberater und andere ihre Kommunikation und mitunter sogar ihre Politik sowie die Gesetzgebung so ausrichten, dass sie sich mit den Kriterien der Nachrichtenmedien für die gute Geschichte decken. Wenn kommerzielle Interessen und Kriterien die Medien antreiben, führt das in krassen Fällen dazu, dass der Unterhaltungswert zum Ideal der Berichterstattung schlechthin wird.

Medialisierung ist als Symptom für die zunehmende Macht der Medien verstanden worden: Nicht genug damit, dass sie die Tagesordnung bestimmen – ihre Kriterien dafür breiten sich auch auf andere Institutionen und Akteure als Anreize zur Unterwerfung unter die Medienlogik aus. Medialisierte Politik ist als Politik beschrieben worden, die ihre Autonomie und ihre Selbstständigkeit gegenüber der Medienwelt verloren hat (Mazzoleni & Schulz 1999: 250).

Umgekehrt lässt sich mit dieser Medienlogik auch die Macht von den Medien zurückerobern, wenn Politiker sich auf sie einstellen und ihre Mechanismen zum eigenen Vorteil nutzen (Thesen 2013). Das wiederum kann allerdings dazu führen, dass die Medien ungewollt politische Wirklichkeit erzeugen, statt über sie zu berichten.

3.3 Von Medien erzeugte politische Wirklichkeit

Tritt dieser Fall ein, kann er als Symptom für das aufgefasst werden, was der französische Philosoph Jean Baudrillard (1929–2007) *Hyperrealität* nennt. In der Hyperrealität verschwindet die Unterscheidung zwischen Medium und Realität. Die »Realität« wird zu einem Medienprodukt – oder einer *Simulation* der Wirklichkeit, die unmöglich von der echten Ware zu unterscheiden ist (Baudrillard 1994). Fiktionen können derart massiven Einfluss auf die Wirklichkeit bekommen, dass die Grenze zwischen Fakten und Fiktion – zusammen mit der Unterscheidung zwischen Nachrichten und Unterhaltung – mehr oder weniger verschwimmt. Oder, wie es schon 2010 bei der Satirepartei Nihilistisk Folkeparti (Nihilistische Volkspartei) hieß:

Die ganze politische Wirklichkeit ist eine von Medien erzeugte Illusion, die Politiker aufrechterhalten, um das Faktum zu verschleiern, dass aus dem Aufklärungsprojekt am Ende Let's Dance *geworden ist.*[51]

Diese Formulierung und Baudrillards radikale Philosophie klingen beileibe nicht mehr weit hergeholt. Ein Beispiel der noch recht milden Sorte lieferte die dänische Fernsehserie *Borgen*. Im wirklichen Parlament auf Schloss Christiansborg wurde eine Episode, die gesetzliche Handhabung von Prostitution behandelte, als politischer »Hebel« für eine Initiative zur Legalisierung von Prostitution genutzt.[52] Ein anderes Beispiel von größerer Tragweite liefert Trumps abenteuerlicher Weg in die amerikanische Politik.

3.4 Wo kam Obama zur Welt?

Donald Trump räumte am 16. September 2016 dann doch ein, dass der 44. Präsident der USA, Barack Obama, rechtmäßig amerikanischer Staatsbürger war. Über mehrere Jahre hatte Trump die Vorstellung genährt, die sich dann zu einer umfassenden Verschwörungstheorie ausweitete, dass Obama gar nicht in den USA geboren sowie nicht amerikanischer Staatsbürger war und deshalb auch nicht legitimer Präsident sein konnte. Mit der realitätsfernen Behauptung samt der Debatte darüber hielt Trump Einzug in die amerikanische Politik.

Aufgekommen waren diese Spekulationen unter anderem, weil Obamas Vater als Ökonom in Kenia gearbeitet hatte, weshalb man sich darauf berief, dass der Sohn dort statt auf Hawaii geboren sein müsse. Eine andere Geschichte lief darauf hinaus, dass Obama irgendwann die indonesische Staatsbürgerschaft erhalten und damit seine amerikanische verloren haben soll. Und dann musste da wohl auch noch etwas faul sein, weil doch Barack Obama den zweiten Vornamen Hussein trägt ... Derartige Geschichten kursierten zuhauf.

Abb. 18 Ein Tweet von Donald Trump von 2012, mit dem er erneut die sogenannte »birther«-Theorie schürte, nachdem Obama seinen Geburtsschein vorgelegt hatte.

Trump richtete sich über mehrere Jahre am konspirativen Lagerfeuer ein und ließ das Gerücht um die Staatsbürgerschaft köcheln. Er hat sich auch noch damit gebrüstet, dass dank ihm Obama 2011 gezwungen worden sei, die Geburtsurkunde mit der rechtmäßigen amerikanischen Staatszugehörigkeit vorzuzeigen. Das wiederum löste neue Zweifel bei bestimmten Leuten als Geburtshelfer einer neuen Verschwörungstheorie an der Echtheit des Dokuments aus. Alles ging von vorne los.

Aber dann tat sich etwas: Während noch der Präsidentschaftskandidat Trump die Anerkennung der amerikanischen Staatsangehörigkeit von Präsident Obama verweigerte, dämmerte der Trump-Kampagne, dass diese sogenannte »birther«-Sache keine mit Sieggarantie war. Also räumte Trump schlussendlich ein, dass Obama amerikanischer Staatsbürger war. Er behauptete zugleich, das Gerücht sei 2008 von Hillary Clintons Kampagne in die Welt gesetzt worden, als sie mit Obama um die Nominierung für die Präsidentschaftskandidatur der Demokraten kämpfte. Trump gestaltete sein Eingeständnis auch so, als ob er den Amerikanern und Barack Obama in Wirklichkeit einen großen *Dienst* mit der endgültigen Absage an den Birther-Mythos erwiesen habe.

Der Birther-Mythos genoss jahrelang enorme Aufmerksamkeit, obwohl er sich als Fälschung erwies. Mit der Birther-Sache konnte Trump eine Zeit lang vom Unterhaltungswert als entscheidendem Kriterium in einem kommerzialisierten Medienmarkt profitieren. Der Komiker John Oliver forderte Trump in der beliebten, links orientierten Satiresendung *The Daily Show* auf, des Spaßes und der Komik halber für die Präsidentschaft zu kandidieren. Das hat er später bereut.[53]

So tief ist die dänische Politik noch nicht gesunken. Andererseits schwebt sie keineswegs ungefährdet über einem delikaten, potenziell ausgesprochen gefährlichen Problem: dass die von Medien erzeugte und/oder mit Spin betriebene politische Wirklichkeit sich mehr und mehr von Tatsachen und der faktischen Wirklichkeit mit deren Problemen und Herausforderungen abkoppeln kann. Die Wirklichkeit und die Bürger werden auf längere Sicht zu den Verlierern, wenn die negativen Konsequenzen tatsächlich durchgeführter Politik und Gesetzgebung politisch ignoriert werden oder wenn Verantwortliche versuchen, sie vor der Öffentlichkeit, anderen Politikern und der Presse zu verbergen.

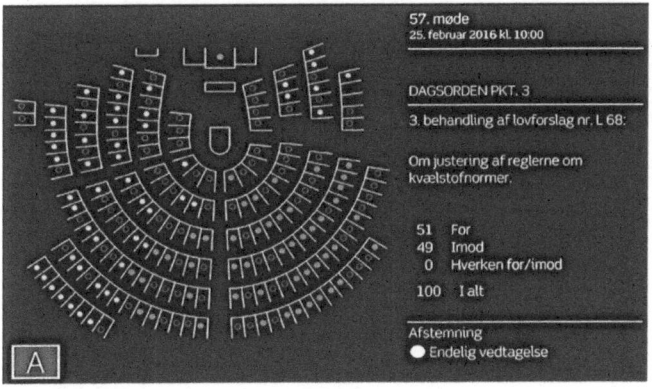

Abb. 19 Das umstrittene dänische Agrarpaket wird am 25.02.2016 mit knapper Mehrheit im dänischen Parlament, dem Folketing, verabschiedet.

Während die dänische Politik das Agrarpaket von 2016 diskutierte, wurden der Öffentlichkeit wichtige Informationen über negative Auswirkungen vorenthalten und mehrere Forscher bekamen einen doppelten Maulkorb verpasst. Denn sie durften auch nicht mitteilen, dass es einen Maulkorb gab. Beides unterminierte eine fachliche und faktische Evaluierung der tatsächlichen Konsequenzen des Gesetzes für die Umwelt.

Mitten in der Auseinandersetzung um das Agrarpaket konnten die Konservativen ein »grünes Ergänzungspaket« durchsetzen. Anlässlich einer Meinungsumfrage kurz danach, welche der bürgerlichen Regierungsparteien denn die umweltfreundlichste sei, trat ein Kommentator des Senders TV 2 vor die Kamera. Sein Kommentar ist bezeichnend für ein Politikverständnis, bei dem die Wirklichkeit – hier die Umwelt – aus der Gleichung verschwunden ist und ganz dem politischen Spiel weichen muss: »Ganz unmittelbar ist sie ja für die Konservativen eine gute Sache«, erklärte der politische Analytiker Thomas Funding von TV 2 die Umfrage. »Aber wenn sie nicht den Ausschlag für das Kreuz bürgerlicher Wähler gibt, kann sich Parteichef Søren Pape Poulsen mit ihr nicht mal die Schuhe oder sonst was abwischen. Die Umfragen seit Beginn der Krise um das Agrarpaket deuten nicht im Geringsten darauf hin, dass die Konservativen davon profitieren.«[54]

Geht es bei Politik ausschließlich um Machtspiele, Wählerstimmen und die parlamentarische Mehrheit, wird die Wirklichkeit zum Verlierer. Dabei liegt es doch nahe, Politik als etwas zur Lösung von Problemen in der Wirklichkeit aufzufassen. Ein Sieg müsste folglich bedeuten, dass die Landwirtschaft weniger Stickstoff ausleitet – unabhängig davon, ob das Stimmen bringt oder nicht. Ohne eine solche Zielsetzung reduziert sich Politik auf Showbusiness mit dem spekulativen Erzeugen sowie Aussenden von Signalen und Symbolen samt Streit darum.

3.5 Signalgesetzgebung und Symbolpolitik

Signalgesetzgebung wird treffend, wenngleich in einem anderen Kontext, in dem Artikel »Symbol- und Signalgesetzgebung aus kriminalpolitischer Perspektive« (Elholm 2011) definiert:

Signalgesetzgebung bezieht sich auf Gesetzesvorschläge,

* deren primären Zweck das Signalisieren einer bestimmten Haltung ist, die
* vorgelegt werden ohne echtes Interesse an deren Wirkung und oft
* ohne Interesse am wirklichen Umfang des Problems.

Ein potenzieller politischer Spekulationsvorteil von Signalgesetzgebung besteht darin, dass sie losgelöst ist von und immun gegenüber dem, was Experten oder Wissenschaft noch beitragen könnten. Denn der springende Punkt sind nicht Feststellungen, Sachverhalte oder Folgeberechnungen, sondern eben, welches Signal zum Beispiel zu Verantwortlichkeit oder der Befriedigung des Rechtsempfindens ausgesendet wird. Signalisiert wird die eigene Haltung. Wenn es keine »Bremsschwellen« in Gestalt von Fakten gibt, kann der Gesetzgebungsprozess oft ohne Kommissionen, Ausschüsse oder andere Vorbereitungsarbeit zügig durchgezogen werden: Schneller Prozess, schnelles Signal für Tatkraft, Glaubwürdigkeit, Initiative und Gestaltungswillen von politischer Seite. Wie Elholm zu guter Letzt heraushebt,

... so hat die Signalgesetzgebung ein geniales Erfolgskriterium: Die Auswirkungen der Gesetzgebung sind ja sekundär; das Gesetz erfüllt seinen Zweck, wenn die Signale angekommen oder auch einfach nur ausgesandt sind![55]

So verlockend Signalgesetzgebung und Symbolpolitik auch erscheinen mögen, sind sie doch nicht kostenfrei. Fehlt eine Berechnung der Folgen, können in Gang gesetzte Maßnahmen wirkungslos bleiben und schlimmstenfalls zu unerwünschten sozialen, ökonomischen oder auch administrativen Konsequenzen führen. Das Argumentieren für Signalgesetzgebung verlangt oft nach diffusen Begriffen rund um das Rechtsgefühl der Mehrheit, eine Meinung, ein Wertegefüge oder die Gesinnung; alles keine so klar abgegrenzten Größen, auch wenn das rhetorisch immer wieder nahegelegt wird. Vielmehr können solche Signale zwischen denen polarisieren, deren Haltung das Signal ansprechen soll, und denen, die umgekehrt durch dasselbe Signal marginalisiert oder stigmatisiert werden. Da es letztendlich nur um ein Signal geht, werden Aufmerksamkeit und Ressourcen von reelleren Anläufen zu konkreten, wirkungsvollen

Lösungen gesellschaftlicher Probleme mittels Gesetzgebung und politischem Handeln abgezogen. Signalgesetzgebung ist die schnelle, leichte oder taktische Reaktion, die nicht unbedingt zu dauerhaften, effektiven oder nachhaltigen Lösungen beiträgt.

Signalgesetzgebung ist eng verwandt mit Symbolpolitik, der es in höherem Maß um den Nachweis von Tatkraft geht als um konstruktive Vorschläge zur wirklichen Lösung von Problemen. Die Möglichkeit zur Beschlagnahme von Wertgegenständen bei der Einreise von Asylbewerbern nach Dänemark, ein Teil des Anfang 2016 in Kraft getretenen »Schmuckgesetzes«, liefert ein Paradebeispiel für Symbolpolitik. Bei der Verabschiedung eines umfassenden Gesetzespakets erregte genau diese Bestimmung erhebliche Aufmerksamkeit, landesweit wie auch jenseits der dänischen Grenze, wo man sie vorsichtig formuliert nicht positiv aufgenommen hat.

Abb. 20 Ein philosophischer Kommentar zur Reaktion auf das »Schmuckgesetz«.[56]

Ganze vier Mal wurde von der Möglichkeit zur Beschlagnahme im ersten Jahr nach dem Inkrafttreten tatsächlich Gebrauch gemacht. Andere, weithin unbeachtet gebliebene Teile des Gesetzes führten dagegen zu beachtlichen Konsequenzen: Als Folge von Gesetzespaket L87, genannt »Schmuckgesetz«, müssen bestimmte Flüchtlingsgruppen bis zu drei Jahre auf den Familiennachzug warten. Das ist hart am Rand des nach den internationalen Konventionen Zulässigen. Um diesen Teil von L87 gab es trotzdem bei der Verabschiedung und der Umsetzung des gesamten Gesetzespakets wenig Aufregung.[57]

Ein weiteres Beispiel für Symbolpolitik ist das dänische »Verhüllungsverbot«. Die Mehrheit in Dänemark ist für dieses Verbot. Als Ausgangspunkt gilt das »Verhüllungsverbot« für jede Art von Verhüllung des Gesichts in der Öffentlichkeit, und es wendet sich nicht ausdrücklich gegen religiöse Verhüllungen. Der dänische Außenminister Anders Samuelsen hat jedoch deutlich ausgedrückt, dass das Verhüllungsverbot in Wirklichkeit ein Verbot von Niqabs und Burkas ist. Auf seiner Facebook-Seite lässt Samuelsen verlauten, dass man mit dem Verhüllungsverbot die »dunklen Männer« bekämpfen möchte, die Frauen mittels Kleidung, die das Gesicht verhüllt, unterdrücken.[58] Wie gesagt, die Mehrheit in Dänemark stimmt dieser Absicht und diesem Zweck zu. Laut dänischer Gesetzgebung gibt es jedoch bereits ein Gesetz, welches eine Gefängnisstrafe von bis zu vier Jahren erlaubt, wenn man jemanden dazu zwingt, sein Gesicht mittels Kleidung zu verhüllen.[59] Wie eine Untersuchung zeigt, hat das »Verhüllungsverbot« überhaupt nichts mit einem wirklichen Problem zu tun, was sehr typisch für Symbolpolitik und Symbolgesetzgebung ist. Laut erwähnter Untersuchung trugen im Jahr 2009 zwischen 100 bis 200 Personen entweder Burka oder Niqab in Dänemark. Die Hälfte dieser Personen ist zum Islam konvertiert.[60] Außerdem untersucht man in vielen Fällen von Symbolgesetzgebung eventuelle Wirkungen erst gar nicht. In Frankreich zum Beispiel ist die öffentliche Verhüllung des Gesichts seit 2011 verboten. Gemäß Soziologin Agnés de Féo hat das Gesetz in Frankreich einen negativen Einfluss auf die Integration. So heißt es, dass die Frauen, die heute ihr Gesicht verhüllen, erst damit begonnen haben, als das Gesetz politisch implementiert wurde. Und die Frauen, die vor dem Verhüllungsgesetz ihr Gesicht verhüllten, verlassen heute erst gar nicht ihr Zuhause.[61] Solche Untersuchungen eventueller Wirkungen geplanter Gesetzgebung sind für die Symbolpolitik uninteressant und irrelevant. Jonathan Laurence, Experte für muslimische Gemeinschaften in Europa, sagt es treffend: »Diese Gesetze haben nichts mit Immigration zu tun. Und daher denke ich, dass solche Untersuchungen den politischen Entscheidungsträgern egal sind.«[62]

Warum werden politische Signale und symbolische Statements erzeugt, ausgesandt und vermeldet, wenn hinter ihnen doch meistens kein nennenswertes Interesse am wirklichen Umfang oder Kern eines gesellschaftlichen Problems steckt? Weil sie einem wieder anderen politischen Zweck dienen, wie der einflussreiche Medienforscher Murray Edelman vor Jahren formuliert hat: Sie können eine komplette politische, ideologische oder kulturelle Erzählung zu sehr einfachen Manifestationen verdichten:

Kondensierungssymbole wecken Gefühle, verknüpft mit Situationen. In einem symbolischen Ereignis oder einer ebensolchen Handlung verdichten sie patriotischen Stolz, Kümmernisse, Erinnerungen an Siege oder Demütigungen der Vergangenheit, sowie das Versprechen künftiger Größe; entweder einige davon oder alle auf einmal.[63]

Signalgesetzgebung und Symbolpolitik lassen sich als Spekulation auf dem Aufmerksamkeitsmarkt beschreiben. Sie verursachen politische Blasenbildung.

3.6 Politische Blasen

Auf Finanzmärkten bilden sich hin und wieder spekulative Blasen. Beispiele aus jüngster Zeit sind die Immobilienblase, die 2008 platzte und die Finanzkrise verursachte. Vorher gab es um den Jahrtausendwechsel die IT-Blase. Die Geschichte liefert eine lange Reihe von Finanzblasen, bis ganz zurück zur ersten dokumentierten Spekulationsblase: der Tulpenblase 1636/37 in Holland (Brunnermeier & Schnabel 2017). Die Bildung finanzieller Blasen wird oft durch Geschichten über angeblich hohe Gewinne in Gang gesetzt. Und dass es *diesmal anders sein werde* als bei den anderen Blasenbildungen mit enormen Verlusten für Investoren und Spekulanten nach dem Platzen der Blase (Shiller 2017). Geschichten dieser Art können realistischere Einschätzungen ausstechen, wie viel etwas wirklich wert ist. Wenn sie nicht solide in der ökonomischen Wirklichkeit verankert sind, kann sich die Blasenbildung als »kollektive Abweisung der Wirklichkeit« (Quiggin 2010: 132) entfalten. Blasen auf den Finanzmärkten sind definiert als Situationen, in denen Finanzaktien systematisch zu Preisen weit über ihrem strukturellen Wert gehandelt werden (Vogel 2010). Wenn IT-Aktien, toxische Immobilienkredite oder Tulpenzwiebeln für weit mehr gehandelt werden, als sie aus realistischer Sicht wert sind, ist der Preis künstlich in die Höhe spekuliert und repräsentiert nicht den zugrunde liegenden Wert dessen, was gehandelt wird. Der strukturelle Wert eines Vermögenswerts ist der Ertrag, der auf lange Sicht zu erwarten ist, wenn man ihn behält. Hat man den strukturellen Wert von Aktiva nicht im Auge, landet man möglicherweise bei der Zahlung eines richtig hohen Preises für sehr wenig oder schlichtweg gar nichts.

Dasselbe kann einem in der Aufmerksamkeitsökonomie und auf der politischen Bühne widerfahren. Politische Blasenbildung auf dem Markt für Aufmerksamkeit lässt sich auch als kollektiver Realitätsverlust beschreiben, bei dem die politische Realität immer mehr aus der politischen Gleichung verschwindet – genau wie der grundlegende Wert von finanziellen Aktiva bei ökonomischen Blasen. Auf dem Markt für Aufmerksamkeit sind zirkulierende Geschichten nicht einfach nur ein mitwirkender Faktor bei der Blasenbildung wie auf den Finanzmärkten. In der Politik sind es die Geschichten *selbst* – oder Themen auf der Nachrichtentagesordnung –, die Blasen bilden können. Die Definition finanzieller Blasen kann auf die Aufmerksamkeitsökonomie übertragen werden, indem man

* *Aktiva* mit *Angelegenheiten,*
* *Preis* mit *Menge an Aufmerksamkeit* und
* *grundlegenden Wert* mit *politischer Substanz*

ersetzt. Daraus ergibt sich die Definition einer politischen Blase als eine Situation, in der eine Angelegenheit eine Menge an Aufmerksamkeit bekommt, die weit das übersteigt, was die politische Substanz in der Angelegenheit rechtfertigt.

3.7 Substanz

Die von Bürgern, Journalisten und Politikern (vor allem, wenn sie unter Druck stehen) in der politischen Debatte oft erwünschte politische Substanz handelt von der Lösung gesellschaftlicher Probleme und der Verbesserung gesellschaftlicher Bedingungen auf längere Sicht. In der Politik geht es um konkrete Resultate. Ansonsten ist sie nur Theater(donner) und Machtkampf. Deshalb lässt sich der grundlegende Wert einer Sache, die politische Substanz, bestimmen als deren Vermögen, ein gesellschaftliches Problem zu repräsentieren, das nach seinem Erscheinen auf der Tagesordnung beleuchtet, erörtert und politisch gelöst werden kann. Natürlich gibt es ideologisch bedingte Unterschiede quer durch die Parlamentsparteien, was als gesellschaftliches Problem aufgefasst wird und welche Prioritäten dabei gelten sollten. Ungleichheit ist zum Beispiel eher problematisch für die Linke als die Rechte, während das Umgekehrte bei hohen Steuern der Fall ist. Breite Einigkeit herrscht aber nach wie vor darüber, dass Arbeitslosigkeit, Kriminalität und soziale Kontrolle gesellschaftliche Probleme *sind*, die gelöst werden sollten. Das geschieht politisch nicht, wenn die politische Debatte ihre Substanz verliert. Genau das wiederum geschieht, wenn enorm viel Aufmerksamkeit symbolischen Verlautbarungen, Signalpolitik und der Debatte um der Debatte willen spendiert wird, ohne dass darin Potenzial zum Erreichen konkreter Resultate steckt – abgesehen vielleicht von noch mehr Polarisierung zwischen rechts und links. So werden substanzlose politische Angelegenheiten mit großen Mengen von Aufmerksamkeit bezahlt, die ohnehin schon sehr knapp bemessen ist.

So ist es beispielsweise schwer, die politische Substanz eines Facebook-Posts auszumachen, der die Vollendung der fünfzigsten Verschärfung des Ausländergesetzes mit dem Foto einer Torte vermeldet, wie es die dänische Migrationsministerin Inger Støjberg tat, versehen mit dem Text: »Heute habe ich die Verschärfung Nummer 50 in der Ausländerpolitik durchbekommen. Das muss gefeiert werden!« Andererseits ist unschwer zu ahnen, wie viel Aufmerksamkeit diese Sache in Beschlag genommen hat.

Was in so einem (Blasen-)Fall debattiert wird und Aufmerksamkeit aus dem öffentlichen Raum absaugt, ist nicht, wie Integrationsprobleme am besten zu lösen sind oder wie der Flüchtlings- und Migrationskrise politisch begegnet werden sollte. Er sendet vielmehr ein Signal an die Öffentlichkeit darüber, *wer* der Absender ist und wo der oder die Betreffende politisch steht, falls jemand noch Zweifel haben sollte. Wie bei der Sahnetorte hat man es mit leeren Kalorien zu tun, die mächtig füllen, aber nicht sättigen oder auf längere Sicht irgendetwas lösen.

Politische Blasen gedeihen besonders gut in polarisierten Meinungsmilieus, in denen die gute Geschichte oder das wiedererkennbare Symbol den Zugang zum *dafür oder dagegen* Sein leicht und direkt ermöglichen. Auf diese Weise können alle, die Inger Støjberg für eine gute Ministerin halten, ihre Einigkeit untereinander stärken, während sich die mit der umgekehrten Einstellung auf der gegenüberliegenden Seite sammeln und ihre Einigkeit bekräftigen, dass sie dagegen sind. Man kann *nach Verärgerung angeln* und mit dem Zorn der Gegner Punkte machen. Je zorniger die andere Seite wird, umso standhafter und vielleicht obendrein sogar tatkräftiger steht man vor den eigenen Anhängern da. Das bedeutet, dass es für Politiker von Vorteil sein kann, Blasen durch Polarisierungsspekulation mit spektakulären, kontroversen und provozierenden Verlautbarungen zu stimulieren. Politische Blasen können einen spekulativen Gewinn an der Image- und Identitätsfront bringen. Aber viel gesellschaftlicher Ertrag in Form reeller politischer Resultate ist mit ihnen nicht zu holen. Eher im Gegenteil. Ein solcher Ertrag erfordert reelle politische *Investitionen* in die Substanz, nicht Aufmerksamkeits*spekulation* auf dem Markt.

3.8 Investition und Spekulation

Der Ökonom John Maynard Keynes (1883–1946) hat den Unterschied zwischen Spekulation und Investition so definiert:

Investition ist eine Aktivität, die den Ertrag eines Vermögenswertes über dessen Lebenszeit voraussagt; Spekulation ist eine Aktivität, die die Psychologie des Marktes vorhersagt.[64]

Finanziell zu investieren beinhaltet die Bewertung des fundamentalen Wertes von Aktiva, während Spekulation vom Wert absieht und auf dem Markt spielen kann. Der Investitionsertrag hängt gleichwohl auch von zukünftigen Marktbewegungen ab – die Trennung von (langfristiger) Investition und (kurzfristiger) Spekulation ist deshalb nicht absolut. Aber es gibt sie. *Politische* Investition beinhaltet, dass zur Verfügung stehendes Wissen und Evidenz für den Versuch eingesetzt werden, den erwarteten gesellschaftlichen Ertrag zu bewerten und laufend Wirkungen sowie Nebenwirkungen der geführten Politik sachbezogen zu evaluieren. Ansonsten handelt man blindlings. Dass die Welt nicht präzise bis ins Detail vorhersehbar ist, spricht nicht gegen die Erstellung von Zukunftsszenarien auf der Grundlage der jetzt zugänglichen Evidenz. Man denke an Klimamodelle:

Diese Modelle sind designt zur Erstellung von Szenarien für die Zukunft, die als Richtlinien dafür genutzt werden können, welche Art von Politik geführt werden sollte, um unerwünschte Klimaveränderungen zu reduzieren, Widerstandsfähigkeit zu stärken und für die Zukunft in möglichst kosteneffizienter Weise zu planen. Weil menschliche Handlungen in sich nicht vorhersagbar sind, sind dies keine Vorhersagen, man könnte sie eher Projektionen nennen, die abhängig sind von der Natur der »Waswenn«-Frage.[65]

Das gilt für alle globalen Herausforderungen, vor denen die Welt steht, einschließlich Immigration und Integration. Wenn Sachlichkeit, Erfahrung und wissenschaftliche Beweise von Spekulation in Aufmerksamkeit, Symbolpolitik und Signalwert abgelöst werden, dann hat der Kampf gegen Unterdrückung von Frauen, Radikalisierung, religiösen Extremismus und Terrorismus usw. keine guten Voraussetzungen.

Von Klima und Migration bis zur Desinformation im Netz: Ohne Anerkennung und Anwendung von Evidenz keine Lösungen. Wenn Politik anderes sein soll als ein (Macht-)Spiel für die Galerie, Aufmerksamkeits- und Verärgerungsspekulation, Taktik, TV-Kommentatorentum und andere politische Unterhaltung mit oder ohne Spin, muss sie evidenzbasiert sein.

Wie steht es darum? Es gibt viel Gegenwind. Nicht genug damit, dass man die vom Menschen hervorgerufenen Klimaveränderungen in Abrede stellt. Jetzt wird auch noch das Wetter bestritten. Ob die Sonne scheint oder nicht, ist zu einer politischen Frage geworden.

4 Alternative Fakten, Desinformation und Fake News

4.1 Alternative Fakten

Am Tag der Amtseinsetzung von Donald Trump am 20. Januar 2017 wurden sehr spezielle Themen zum Gegenstand der öffentlichen Aufmerksamkeit. Es ging um simple Fragen zu Fakten: Schien die Sonne während der Antrittsrede? Wie groß war die Menschenmenge bei der Einsetzung? War diese Menschenmenge größer oder kleiner als die bei der Einsetzung von Präsident Barack Obama? Aus dem kompletten zugänglichen Bildmaterial von der Zeremonie schien eindeutig hervorzugehen, dass die Sonne zu keinem Zeitpunkt während Trumps Rede durchkam. Als der neue Präsident anschließend im Hauptquartier des CIA sprach, behauptete er das Gegenteil:

The rain should have scared them away. But God looked down and he said, »We're not going to let it rain on your speech.« In fact, when I first started I said, »Oh no.« First line, I got hit by a couple of drops. And I said, »Oh, this is, this is too bad, but we'll go right through it.« But the truth is that it stopped immediately. It was amazing. And then it became really sunny, and then I walked off and it poured right after I left.[66]

Trump nahm sein Präsidentenamt mit einer Behauptung auf, die sich leicht als demonstrativ falsch entlarven ließ: Man musste nur mittels Prüfung des Bild- und Videomaterials klären, ob die Sonne während seiner Rede tatsächlich geschienen hatte.

Die tatsächliche Größe der Menschenmenge wurde zu einem weiteren Thema, als Trump bei einem großen Fest später am 20. Januar 2017 fortfuhr:

Even the media said the crowd was massive. That was all the way back down to the Washington Monument.[67]

Schon bei der (Sonnenschein-)Rede im CIA-Hauptquartier hatte die Größe der Menschenmenge eine Rolle gespielt:

We had a massive field of people. You saw that. Packed. I get up this morning. I turn on one of the networks and they show an empty field. I say, »Wait a minute. I made a speech. I looked out. The field was … It looked like a million, a million and a half people.« Whatever it was, it was. But it went all the way back to the Washington Monument.[68]

Bildmaterial von der Einsetzung zeigt aber eindeutig, dass die Menschenmenge nicht so ausgedehnt war. Außerdem registrierte die Transportbehörde von Washington, D.C., in Verbindung mit Trumps Einsetzung 570 557 Fahrten. Bei Obamas erster Einsetzung waren es 1,1 Millionen und bei der zweiten 782 000.

Abb. 21 Links die Menschenmenge bei Präsident Barack Obamas Einsetzung 2008 verglichen mit der entsprechenden bei Präsident Donald J. Trumps Einsetzung 2017 rechts.

Das aber hinderte Sean Spicer als Pressesprecher des Weißen Hauses nicht, einen Frontalangriff auf die Presse wegen »bewusst fehlerhafter Berichterstattung« über die Größe der Menschenmenge zu starten. Er verkündete am 21. Januar 2017, dies sei »das größte Publikum jemals bei einer Amtseinsetzung gewesen, Punktum, sowohl als physisch anwesend wie weltweit«.⁶⁹ Später am selben Tag stimmte Trumps Chefberaterin Kellyanne Conway ein. *Meet The Press* auf NBC konfrontierte sie mit der öffentlich zugänglichen Beweislage zu Spicers Äußerung. Conway verteidigte diese mit der Argumentation, es habe sich nicht um eine Lüge oder ein Falsum gehandelt, vielmehr habe Spicer »alternative Fakten« präsentiert. Letzterer ergänzte später bei einer Pressekonferenz am 23. Januar 2017 in ähnlicher Weise:

Sometimes we [The White House] can disagree with the
facts.[70]

Man muss das eine Weile sacken lassen. Kann es überhaupt irgendeinen Sinn machen, unmittelbar verifizierbare Tatsachen zu leugnen und »alternative Fakten« zu postulieren oder »mit den Fakten uneins zu sein«? Logisch betrachtet sind »alternative Fakten« blanker Unsinn. Wie der NBC-Journalist Chuck Todd es Conway im TV-Interview klarmachte, kann man keine »alternativen Fakten« vorbringen, ohne auf dem Holzweg zu sein oder dezidiert zu lügen.

Fakten sind nun mal Fakten. Äußerungen, die faktische Dinge betreffen, sind entweder wahr oder falsch. Eine alternative Behauptung, die eine wahre Aussage bestreitet, ist einfach nur eine falsche Behauptung. Natürlich kann man bestreiten, dass es tatsächlich Fakten *sind*. Aber *mit* den Tatsachen uneinig zu sein bedeutet, mit der Wirklichkeit uneinig zu sein. Die Aussage »Die Sonne scheint« ist wahr, und zwar nur dann, wenn die Sonne scheint – ob einem das gefällt oder nicht.

Wenn etwas den Tatsachen entspricht, und Tatsachen adelt ja eben, dass sie wahr sind, dann können die »alternativen Fakten«, die die Wahrheit von Tatsachen bestreiten, nicht auch wahr sein. Das wäre andernfalls ein Widerspruch zum Non-Kontradiktionsprinzip, also dem Prinzip, sich nicht selbst zu widersprechen. Der griechische Philosoph Aristoteles (384–322 v. Chr.) hat es explizit ausformuliert. Aristoteles argumentiert auch, dass man zur Anerkennung des Prinzips gezwungen ist, wenn man selbst etwas äußert. Tut man es nicht und bleibt stumm, ist man nichts weiter als eine »Pflanze«. Hierzu kann angefügt werden, dass selbst ein Tier wie die Maus, die sich nicht zu vielem äußert, dennoch anerkennt, dass eine Katze eine Katze ist und nicht eine Katze sowie zugleich eine Nicht-Katze. Ansonsten ist die Maus *als solche* schnell am Ende und wird zu Katzenfutter. Aber dass etwas der Fall oder nicht der Fall ist, bedeutet andererseits nicht, dass es immer leicht ist, oder auch nur möglich, festzustellen, was die Fakten sind.

Abb. 22 Das Interview, bei dem Kellyanne Conway »alternative Fakten« einführte.

Das bedeutet jedoch nicht, dass Fakten und Wahrheiten nicht existieren. Manchmal haben wir sie einfach noch nicht gefunden. Und darum haken wir nach, fragen weiter, suchen weiter – in der Wissenschaft sowie im Journalismus.

4.2 Wahrheit – in Wissenschaft und Journalistik

Das Ziel der Wissenschaft besteht im Erforschen, Erklären und Verstehen der Welt samt ihres Aufbaus in dem Maß, wie derzeitige wissenschaftliche Methoden das zulassen. Sie sucht nach Wahrheiten und Wissen über die Natur, über gesellschaftliche Verhältnisse, über den Menschen und die Technik.

Letztlich ist dies als erklärtes Ziel nicht weit entfernt von dem des Journalismus. Bei der amerikanischen Forschungs- und Medienorganisation Project for Excellence in Journalism heißt es in der journalistischen Prinzipienerklärung, dass der Journalismus zuallererst der Wahrheit verpflichtet ist, allerdings nicht in einem absoluten und unfehlbaren Sinn: »Die journalistische Wahrheit ist ein Prozess, der mit professioneller Disziplin beim Sammeln und Verifizieren von Fakten beginnt. Sodann versuchen Journalisten, eine ausgewogene und zuverlässige Darlegung zur Bedeutung dieser Fakten zu übermitteln, die für den Augenblick gültig ist, aber zugleich auch Gegenstand weiterer Untersuchung.«[71]

Die Welt entwickelt sich konstant, und selbst zuverlässige Methoden zur Aufdeckung von Fakten sind nicht unfehlbar. Deshalb ist die journalistische Wahrheit genau wie die wissenschaftliche *vorübergehend*. Aus diesem Grund muss Journalismus auch bei den Quellen und Methoden so transparent wie möglich sein. Dies soll es dem Leser ermöglichen, die Glaubwürdigkeit der Information hier und jetzt selbst zu bewerten.

Im selben Prinzipienkatalog steht außerdem zu lesen,

dass Journalismus Blasenbildung in dem Sinn vermeiden muss, dass Nachrichten immer in einer passenden Größenordnung gehalten werden sollen und keine Unterlassungssünden begangen werden: »Journalismus ist eine Form von Kartografie: Er liefert den Bürgern eine Karte, damit sie in der Gesellschaft navigieren können. Ereignisse sensationell aufzublasen und andere zu übersehen, Menschen zu kategorisieren oder unverhältnismäßig negativ zu sein, macht die Karte entsprechend unzuverlässiger.« Sensationssucht, schlechter Journalismus oder Pseudowissenschaft gefährden die Zuverlässigkeit der Karte und erschweren das Navigieren.

Es ist nicht leicht, eine flächendeckende Karte vom Territorium der Wirklichkeit zu zeichnen. Die Welt ist widerspenstig. Manchmal scheint sie wenig geneigt, uns ihre Geheimnisse ohne Weiteres oder überhaupt zu enthüllen. Bei manchen Gelegenheiten stellen wir die Fragen verkehrt. Bei wieder anderen überholen uns die Fakten auf überraschende Weise, und wir müssen zugeben, dass wir uns politisch, journalistisch oder wissenschaftlich geirrt haben. Wir müssen einen Standpunkt revidieren, auch wenn wir annehmen konnten, dass wir den richtigen Ausgangspunkt hatten – was für Presse, Politiker, Wissenschaftler und Bürger gleichermaßen gilt. Es gibt erschreckend viel, worüber wir nicht informiert sind. Allerdings macht es einen Unterschied, ob wir uninformiert oder desinformiert und in die Irre geführt sind.

4.3 Information, Fehlinformation und Desinformation

Wer über etwas informiert sein will, muss über korrekte faktische Überzeugungen zur Sache verfügen (Kuklinski 2000). Das Gegenteil bedeutet nicht, uninformiert, sondern *fehl*informiert zu sein. Wenn man über etwas uninformiert ist, braucht man keine Überzeugung davon zu haben, was tatsächlich der Fall ist. Also kann man, wie Sokrates, wenigstens wissen, dass man nichts weiß. Wenn man hingegen *fehl*informiert ist, hat man faktisch falsche Überzeugungen, die man für wahr hält. Fehlinformation führt Bürger, Politiker und Journalisten in die Irre. Dazu kann man unbeabsichtigt beitragen durch die Weitervermittlung von Information, an die man selbst glaubt, die sich aber als Fälschung erweist. Wenn Fehlinformation allerdings bewusst geschieht, was nur schwer aufzuklären oder nachzuweisen ist, handelt es sich um *Desinformation* (Søe 2014).

Sollte die Bush-Regierung 2003 selbst daran geglaubt haben, dass Saddam Hussein über funktionierende und abschussbereite Massenvernichtungswaffen verfügte, war die daraus folgende Argumentation für den Krieg eine Falschinformation der Öffentlichkeit. Aber hat sie gewusst, dass dies in Wirklichkeit nicht stimmte, und handelte es sich folglich um bewusst intendierte Irreführung, ist die Rede von Desinformation. Ob mit Absicht oder nicht, der Effekt war enorm: Eine Umfrage 2015 zeigte, dass 41 % der Amerikaner immer noch fälschlich glaubten, im Irak seien tatsächlich aktive Massenvernichtungswaffen gefunden worden[72] und nicht nur alte, giftige, aber unbrauchbare Waffenreste.[73] Bei derselben Umfrage hielten es 19% der befragten US-Amerikaner für »vollkommen« oder »wahrscheinlich« wahr, dass Barack Obama kein legitimer amerikanischer Staatsbürger ist. Fehl- und Desinformation zeigen Wirkung. Sie müssen nur in der richtigen Mischung aus falschen Behauptungen und verdrehten Geschichten serviert werden, mit einer Messerspitze Wahrheit als Zusatz, damit das Ganze schmackhafter wird.

4.4 Wahr, falsch und das Ganze dazwischen

Fehlinformation ist selten einfach falsch. Wenn sie einen Effekt haben soll, darf sie nicht unmittelbar oder allzu leicht als reines Falsum entlarvt werden können. Fehlinformation muss glaubwürdig erscheinen, um wirkungsvoll in die Irre zu führen. Sie ist deshalb oft ein Mischprodukt aus einem Teil angeblich wahrer, etwas zweifelhafter, verdrehter, nicht belegter und einem Teil dezidiert falscher Information. Die Mischung macht es schwerer, die Fehlinformation ein für alle Mal zu falsifizieren – denn *irgendetwas* wird schon an der Sache dran sein. Deshalb kann der Empfänger sie leichter schlucken und vor diesem Hintergrund seine faktischen Überzeugungen und politischen Haltungen bilden oder bekräftigen. Wenn Fehlinformation gelingt, fußen als Konsequenz politische Meinungsbildung und Stimmabgabe nicht auf den verfügbaren Tatsachen, sondern auf faktisch falschen Prämissen.

Das führt zu einer Skala über die Qualität von Information, bei der jeweils wahre und verschiedene Formen falscher Aussagen und die Wahrheit untergrabender Strategien einander an entgegengesetzten Enden gegenüberliegen. Und dazwischen findet sich allerlei:

SKALA ZUR INFORMATIONSQUALITÄT

ZONE 1	
Wahre Aussage	Verifizierte Fakten
ZONE 2	
Verzerrte Aussagen	Rahmensetzung, spitze Winkel, Auslassung, »ausgewählte Fakten«
Unbelegte Aussagen	Gerüchte (vielleicht wahr, vielleicht falsch)
ZONE 3	
Falsche Aussagen	Falschwiedergabe von Fakten, im Widerspruch zu diesen
Lügen	Intendierte Falschaussagen
Bullshit	Falschwiedergabe eigener Motive und Ziele, Verstellung, Fingieren, Aufhebung der Trennung zwischen wahr und falsch
Fake News	Fingierte Nachrichten, Falschwiedergabe von Motiven und Zielen mit Simulation von Journalismus und damit Wahrhaftigkeit.

Abb. 23 Je weiter unten, desto höher der Grad an Falschinformation.

4.5 Spitze Winkel, Auslassungen und ausgewählte Wahrheit

Bekommt man konsequent nur einen Aspekt einer Sache präsentiert, kann das auch ohne rundheraus falsche Behauptungen zu einer verzerrten Auffassung der Wirklichkeit führen. Das Setzen der Tagesordnung, siehe Kapitel 2, umfasst nicht allein, *welchen* Angelegenheiten Aufmerksamkeit zuteilwird, sondern auch, *wie* man sie winkelt oder einrahmt – im Englischen *framed*. Das Einrahmen lässt sich aufmerksamkeitsökonomisch als Frage danach auffassen, welche Aspekte einer Angelegenheit auf Kosten einer anderen hervorgehoben werden. Ein einziges Wort kann den Rahmen setzen. Man denke an

Abb. 24 Fox liefert zwei identische Nachrichtenmeldungen in unterschiedlichen Versionen an verschiedene Publikumssegmente. Für das spanischsprachige Segment das eher neutrale Attribut »papierlos« für den Studenten, während der Mutterkanal Fox News den negativ besetzten Begriff »illegal« verwendet.[74]

dänische Ausdrücke wie »Cafégeld« für staatliche Leistungen an Studenten und Begriffe wie Flüchtlingswelle oder -strom, die Menschen auf der Flucht als bedrohliche Wassermassen framen.

Das ist auch durch die Zusammensetzung einer Nachricht machbar. Beim Thema Arbeitslosigkeit etwa kann man sich an einen Arbeitslosen wenden, der berichtet, wie viele Bewerbungen er oder sie jeden Monat ohne Erfolg abgeschickt hat. Oder man wendet sich an einen Arbeitgeber, der nur schwer die benötigte Arbeitskraft auftreiben kann. Dasselbe Thema lässt sich je nach gewünschtem Fokus als Problem fauler, geldgieriger »Schurken« oder als Folge systembedingter Strukturen mit Menschen als »Opfern« von Arbeitslosigkeit angehen. Geschieht das Setzen des Rahmens systematisch in einer Richtung, ist das Ergebnis einseitige Berichterstattung und Informationsvermittlung, die sich irreführend auswirken kann. Wird nur eine Seite einer Angelegenheit präsentiert, geht das möglicherweise auf Kosten anderer Perspektiven und Tatsachen, die zur vollständigen Geschichte und dem Gesamtbild dazugehören. Allerdings ist es auch problematisch, *immer* daran festzuhalten, dass zwei – fast gleichberechtigt nebeneinanderstehende – Seiten einer Sache existieren. *Fifty-Fifty*-Journalistik kann aus missverstandenen Idealvorstellungen zu Ausgewogenheit und Objektivität erwachsen (Korsgaard 2017). Als Extremfall ist vorstellbar, dass jemand, der meint, die Erde sei das Zentrum des Sonnensystems, jemandem gegenübergestellt wird, der mit ein bisschen mehr Beweislast im Gepäck meint, dass die Sonne diesen privilegierten Platz innehat – als ob beide gleichberechtigte kosmologische Positionen vertreten. Dass alle ein Recht auf ihre Meinung haben, bedeutet nicht, dass alle Gesichtspunkte von gleicher Qualität sind.

Besonders scharfes Winkeln und zu hartes Rahmen können zu Auslassungssünden führen. Bei verbissener Konzentration der Aufmerksamkeit auf die 9 % Jugendlichen, die einmal oder mehrfach vorbestraft sind, lässt sich leicht übersehen, dass der ganz überwiegende Anteil der Jugend gesetzestreue Bürger sind. Oder wenn die große Mehrzahl der Nachrichten über Muslime in Dänemark das Augenmerk allein auf eine kleine Minderheit richtet, die straffällig wird und/oder eine radikale oder extremistische Variante des Islam unterstützt, ergibt das ein irreführendes und nicht repräsentatives Bild der Wirklichkeit – was aber andererseits Unmengen an Klicks, Indignation, Furcht und Polarisierung generieren kann.

Verwandt mit der scharfen Winkelung ist die »Wahrheit in Happen« – auch *cherry picking* genannt, mit Hinweis darauf, dass man zielsicher die Kirschen vom Baum pflücken kann, die einem passen, und die anderen übersieht. In der Politik entspricht das dem Auslassen von Tatsachen, die nicht so opportun für das eigene Programm, den Blickwinkel oder die Pointe erscheinen. Dabei werden nach Kräften Fakten ignoriert und nur für den Eigenbedarf genutzt. Das untergräbt das Fundament evidenzbasierter Politik. Werden nur die positiven, langfristigen Konsequenzen eines Agrar-Gesetzespakets für die

Umwelt dargelegt und die negativen, kurzfristigen ausgelassen, handelt es sich um ausgewählte Wahrheit, die sich als Irreführung (dis)qualifizieren lässt.

Das Verzerren von Aussagen vollzieht sich auch mittels *Verdrehungen*. Schon eine Stunde nach der Proklamierung des eigenen Sieges bei der Brexit-Abstimmung musste Nigel Farage in einem TV-Interview zugeben, dass eine Schlüsselzahl im Zentrum seiner Leave-Kampagne falsch war. Sie hatte zusätzliche 350 Millionen Pfund pro Woche für das staatliche britische Gesundheitswesen versprochen, wenn es zum Brexit kommen würde. Das Versprechen nahm Farage als »Fehler« zurück, als es ihm vorgehalten wurde. Die Einordnung als »Fehler« war eine Verdrehung, schließlich handelte es sich um Reklame – auch auf den Kampagnenbussen im ganzen Land – für ein politisches Produkt, das nicht realisierbar war.

Abb. 25 Ein Brexit-Kampagnenbus mit nicht realisierbarem Wahlversprechen.

4.6 Gerüchte, Überzeugungsechos und Faktencheck

Nicht belegte Gerüchte können zutreffen oder falsch sein. Manchmal ist etwas dran, in anderen Fällen nicht. Die Entscheidung fällt schwer, wenn eben nur Gerüchte zirkulieren, die nicht als Tatsachen verifiziert oder als *nur* ein Gerücht falsifiziert sind. In jedem Fall können sie enormen Einfluss auf die Meinung von Menschen über eine Angelegenheit oder Person, einschließlich Politikern, nehmen. Das gilt selbst dann, wenn *die Gerüchte falsifiziert* sind. Die Streuung von Gerüchten wird so zu einer wirkungsvollen Variante der Fehlinformation, der »Überzeugungsechos« gewaltigen Rückenwind verschaffen.

Sie bezeichnen ein Phänomen, bei dem eine politische (Skandal-)Geschichte oder ein Gerücht zurückgewiesen und sogar allseits als Fälschung erkannt ist, aber trotzdem weiter die Haltung der Menschen gegenüber der Persönlichkeit beeinflusst, um die es bei dem Gerücht oder der Skandalgeschichte ging (Thorson 2016). Ein unbegründetes, negativ besetztes Gerücht über Politiker, das durch den Faktencheck gegangen und eindeutig falsifiziert ist, kann so weiter der Glaubwürdigkeit und dem Ruf der Betroffenen schaden. Überzeugungsechos führen auch dazu, dass Faktenchecks begrenzte, möglicherweise sogar negative Auswirkungen haben: Zunächst muss der Faktencheck die falsche Aussage wiederholen, was an sich schon die Überzeugungsechos verstärkt. Selbst wenn der Faktencheck als reell akzeptiert wird, hat das Gerücht immer noch dem Ruf geschadet. Folglich kann die Verbreitung von Gerüchten eine sehr effektive Technik zur Herabsetzung eines

Gegners in den Augen der Öffentlichkeit sein, auch wenn nicht die geringste Substanz dahintersteckt.

Das mit dem Pulitzerpreis ausgezeichnete Nachrichtenmedium Politifact erstellt als Faktencheck-Agentur laufend Bilanzen über den Umgang verschiedener Politiker und Medien mit der Wahrheit.

 CONSERVATIVE DAILY POST

"FBI confirms evidence of huge underground Clinton sex network."

— *PolitiFact National* on *Friday, November 4th, 2016*

Ridiculous without evidence

Abb. 26 So bewertet Politifact die Geschichte in der *Conservative Daily Post* darüber, dass das FBI Beweise für die Beteiligung von Bill und Hillary Clinton an einem Sexnetzwerk gefunden habe.

Solche Aufstellungen sind zweifellos mit Vorsicht zu genießen wegen der politischen Neigung, der redaktionellen Linie des Mediums, sonstiger journalistischer Überlegungen, Unsicherheit von Quellen usw. Trotzdem gibt die Bilanz zu denken. Hillary Clinton hat gegenüber Donald J. Trump die Nase bei der Wahrhaftigkeit von Aussagen vorn (Abb. 27–28), auch wenn über ein Drittel faktisch falscher Aussagen nicht unbedingt Anlass zum Jubeln gibt.

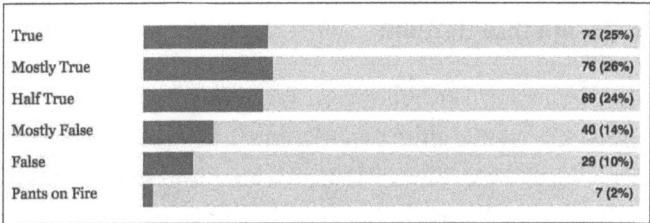

True	72 (25%)
Mostly True	76 (26%)
Half True	69 (24%)
Mostly False	40 (14%)
False	29 (10%)
Pants on Fire	7 (2%)

Abb. 27 Hillary Clintons Anzeigetafel zu wahr – falsch, Stand 10.04.2017 – Politifact.

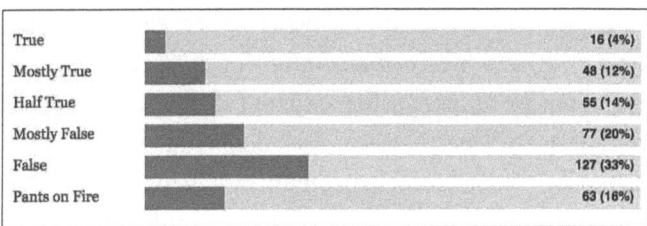

True	16 (4%)
Mostly True	48 (12%)
Half True	55 (14%)
Mostly False	77 (20%)
False	127 (33%)
Pants on Fire	63 (16%)

Abb. 28 Donald Trumps Anzeigetafel zu wahr – falsch, Stand 10.04.2017 – Politifact.

Bilanzen dieser Art bedeuten wenig, wenn den Wählern jedes Vertrauen zu den Faktencheckern fehlt. Nach einer Untersuchung vom September 2016 glauben nur 29 % der US-amerikanischen Wähler Faktenchecks und den dafür verantwortlichen Medien.[75] In einer politischen Landschaft mit so viel Misstrauen kann die Lüge, auch wenn sie entlarvt ist, ein brauchbares Werkzeug sein.

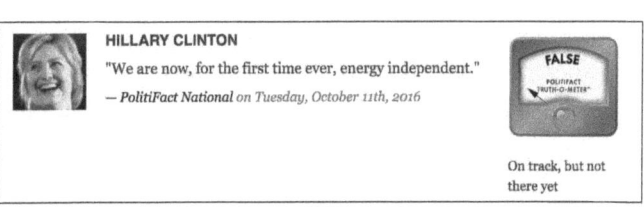

Abb. 29 Eine Aussage von Hillary Clinton am unteren Ende der Wahrhaftigkeitsskala.

4.7 Lüge und Bullshit

Zuspitzungen, Verdrehungen, Verheimlichungen, Auslassungen, »ausgewählte Wahrheiten«, Gerüchte etc. können alle, entweder jeweils für sich oder miteinander kombiniert, die Wahrheit beugen. Noch weit stärker aber untergraben wird sie von Lügen, »Bullshit« (Frankfurt 2005) und Fake News.

Lüge und Bullshit sind gleichermaßen Anläufe zu Betrug und Täuschung. Aber es gibt Unterschiede. Der Lügner versucht zu betrügen, indem er Fakten bewusst falsch darstellt. Die Lüge hat zum Ziel, demjenigen faktisch falsche Überzeugungen einzugeben, der belogen wird, um damit dessen Auffassung davon zu manipulieren, was die Tatsachen sind.

Der Absender von Bullshit dagegen versucht mittels Verfälschung der tatsächlichen Intentionen, Motive und Zielsetzungen zu betrügen. Bullshit will nicht zwingend Menschen vom Inhalt des Gesagten überzeugen. Das Ziel kann auch darin bestehen, Menschen zu einem bestimmten Handeln zu bewegen oder bei einer Angelegenheit selbst irgendwie davonzukommen – ohne dass dies als Zweck der Übung durchschaut wird. Wenn man zum Beispiel durch vage Aussagen bullshittet, lässt sich das mittels Herumjonglieren mit einer Unmenge für die Angelegenheit irrelevanter, aber faktisch korrekter Informationen gestalten. Das kann den Eindruck erwecken, man versuche, die jeweilige Frage zu beantworten. In Wirklichkeit geht es darum, Zeit zu gewinnen und sich um die eigentliche Antwort zu drücken.

Der Lügner erkennt den Unterschied zwischen wahr und

falsch an, versucht aber, die Wahrheit zu verbergen. Der Bullshitter hingegen ignoriert vollkommen die Frage von Wahrheit und Fakten. Deshalb ist Bullshit, Frankfurt zufolge, eine größere Bedrohung für die Wahrheit als die Lüge (Frankfurt 2005: 61). Erfolgreicher Bullshit in großen Mengen kann zur Auflösung der Trennung zwischen wahr und falsch beitragen. Bullshit besteht nämlich darin, sich zu verstellen, zu simulieren oder fingieren, etwas anderes zu sein oder zu tun als das, was man eigentlich ist oder tut.

The bullshitter is faking things.[76]

Wer bullshittet, *fingiert* etwas. Das tun *Fake News* auch. Sie fingieren Journalismus und Berichterstattung von Nachrichten, sodass die beste Übersetzung für Fake News *fingierte Nachrichten* lautet.

4.8 Fake News – fingierte Nachrichten

Man hat Fake News als »erfundenes Material« beschrieben, »sinnvoll manipuliert, um als glaubwürdige journalistische Berichte zu erscheinen, das sich online leicht über ein großes Publikum verbreiten lässt, das wiederum bereit ist, die Geschichten zu glauben und ihre Botschaft weiterzugeben«.[77] Fake News sind jedoch nicht ausschließlich online zu finden. In der Tat ist das Phänomen Fake News älter als das Internet. Fake News kann man auch nicht bedingungslos mit einer Lüge gleichsetzen.

Manchmal zeigen sich Fake News in der Form einer Lüge mit der Absicht, eine unwahre Geschichte als wahr zu verhandeln. In anderen Fällen können Fake News als Bullshit beschrieben werden, der die Absicht hat, das Verhalten von Menschen zu beeinflussen.

Auch wenn Fake News in der Regel aus falschen oder nicht belegten Behauptungen, Entstellungen, Verdrehungen oder Ähnlichem bestehen, die in Verbindung zueinander als Fehlinformation wirken, ist das entscheidende Merkmal von Fake News nicht, dass sie faktisch falsch sind. Sondern dass sie sich als journalistisch und wahrheitssuchend *ausgeben,* wohingegen das wirkliche Ziel ein ganz anderes ist. Durch ihren Schein als echte Nachrichten können Fake News Aufklärung und Wahrheit als eigene Ziele in Anspruch nehmen. Aber in Wirklichkeit verfolgen sie ein politisches oder ökonomisches Ziel mittels der Ernte von Aufmerksamkeit, was wiederum vor dem Empfänger verborgen wird. Der Eindruck von Glaubwürdigkeit soll mit seriös klingenden Webadressen als Herkunft der falschen Nachrichten verstärkt werden, ergänzt noch durch weitere »Beweise« in Form von mehr oder weniger gekonnt manipuliertem Bild- und Videomaterial.

In groben Zügen gibt es vier Hauptgründe für das Erzeugen von Fake News und warum sie auf den Markt für derlei pseudojournalistische Produkte gebracht werden:

- zum Spaß/Trolling
- Internettraffic/Geld
- Vermarktung/Verkauf
- Propaganda/Desinformation

»Richtige Nachrichten, die du nicht von den Mainstream-medien bekommst« heißt der Untertitel des Nachrichten-portals The Underground Report mit seinen fingierten Nachrichten wie der über eine Geschlechtsumwandlung Michelle Obamas oder über Bernie Sanders' russische Verbindungen bis zurück in die 1960er-Jahre oder CNNs Verbindungen zum »Islamischen Staat«. Ein junger Mann namens James McDaniel mit Wohnsitz in Costa Rica startete das Nachrichtenportal am 21. Februar 2017 als Scherz, weil er die Naivität und Gutgläubigkeit von Inter-netnutzern austesten wollte. Innerhalb von anderthalb Wochen bekam UndergroundNewsReport.com mehr als eine Million Besucher. Fiktives, selbst Fabriziertes und frei Fantasiertes, primär für den Geschmack eines Trump-freundlichen Publikums, wurde haufenweise gele-sen, durch Teilen weiterverbreitet und tausendfach kom-mentiert. Umgekehrt zweifelte nur eine Handvoll Kritiker die Legitimität der Geschichten an. Drei Wochen nach der Premiere erklärte McDaniel den Lesern, dass das Ganze ein Witz gewesen sei, und fuhr fort:

Es hat mich überrascht, dass so viele heutzutage vorsätz-lich unwissend sein können. Wir leben in wahrlich furcht-erregenden Zeiten, wenn eine Gruppe Menschen, die so laut wie irgend möglich »FAKE NEWS« rufen, inmitten von Unwahrheiten leben, diese verschlingen und zu Unwahrheiten in den Schlaf fallen.[78]

Die Website wird nicht mehr gepflegt. Ihre Überbleibsel sind eine Mahnung an die Nachwelt, wie leicht und mit welchem Schaden die Beeinflussbarkeit durch Fake News ausgenutzt werden kann.

Internettraffic/Geld

Fingierte Nachrichten bringen mitunter auch enorme Summen Geld ein. Zwischen August und September 2016 verdiente *Boris* aus Veles in Mazedonien bis zu 16 000 Dollar (13 500 Euro) mit seinen beiden Webseiten voller Fake News im Sinne und zugunsten Trumps. Der Durchschnittslohn in Mazedonien liegt bei 371 Dollar (315 Euro) im Monat, sodass Boris kurz entschlossen das Gymnasium verließ und stattdessen auf die neue Beschäftigung mit der Verbreitung von fingierten Nachrichten setzte. Ihm und den anderen Mitwirkenden an diesem neuartigen Geschäftsmodell war völlig egal, ob Trump die Wahl gewinnen oder verlieren würde. Den Produzenten dieser Fake News war es ebenfalls gleichgültig, ob die Empfänger der fabrizierten Geschichten glaubten, dass diese wahr seien. Die falschen Nachrichten und der Bullshit wurden digital produziert und im Internet verteilt, und sie dienten in diesem Fall als Klickköder. Die Jagd nach geldeinbringenden Klicks war natürlich für die Empfänger der Fake News nicht offensichtlich. Den Produzenten ging es ausschließlich darum, Geld für ein neues Handy, Uhren, Autos und mehr Drinks an der Bar zu beschaffen.[79] Die Infrastruktur für Informationen im Netz und die Möglichkeit, Aufmerksamkeit in Form von Klicks in

Reklamedollar umzumünzen – geschaffen nicht zuletzt von Google und Facebook –, bilden einen enormen finanziellen Anreiz zur Produktion und Verbreitung von Fake News. Es gibt einen lukrativen Markt dafür, zu Fehlinformation beizutragen. Solange das der Fall ist, dürfte es schwer sein, die Ströme aus Gerüchten, Lügen, Bullshit und Fake News sowie die daraus folgende Irreleitung zu stoppen.

Vermarktung/Verkauf

Auf dem Markt für Aufmerksamkeit ist es die Werbe- und Marketingbranche, die für Klicks bezahlt. Dass man seine wirkliche Absicht verdeckt, ist eine wohlbekannte Taktik von Marketing-Unternehmen. *Werbung im bekannten Umfeld (native advertising)* ist eine Werbestrategie, bei der Werbeinhalte so gestaltet werden, dass diese journalistischen Texten zum Verwechseln ähnlich sehen. *The Father of Advertising,* David Ogilvy (1911–1999), US-amerikanischer Werbemann und Experte in Sachen Vermarktung, rät dazu, dass man bei der Produktion von Anzeigen und Werbung journalistische und redaktionelle Artikel imitiert. Hier ist Ogilvys Rezept für die Produktion von Werbeartikeln: »Man hat erkannt, dass Werbung, die nicht wie Werbung aussieht und stattdessen einem redaktionellen Artikel ähnelt, mit größerer Wahrscheinlichkeit vom Leser gelesen wird. Darum rate ich dazu, die Grafik von redaktionellen Artikeln zu studieren und zu imitieren. Außerdem empfehle ich, die Grafik von Werbeartikeln zu studieren, um diese zu vermeiden.«[80]

Diesen Vorschlag hat die Werbeindustrie ernst genommen. Insbesondere in den USA sind zum Beispiel Werbeprodukte verbreitet, die kaum von authentischer Berichterstattung zu unterscheiden sind. Ein solches Werbeprodukt nennt man *Video News Release,* VNR. Diese werden in Nachrichtensendungen gesendet, und häufig werden sie nicht einmal als Werbung deklariert. Stattdessen sendet man sie getarnt als Journalismus.[81] Mit dieser Tarnung nutzt die Werbeindustrie die Glaubwürdigkeit aus, die traditionell in der sachlichen Berichterstattung und im Journalismus liegt. Werbung nicht als

Abb. 30 Werbung im bekannten Umfeld *(Native Advertising),* die korrekt als solche deklariert ist: eine Werbeanzeige für die Fernsehserie *Orange Is The New Black* in der *New York Times* 2014. Die Anzeige imitiert die Anordnung und den Stil journalistischer Artikel. Außerdem beinhaltet die Anzeige richtige Informationen betreffs Bedingungen für weibliche Insassen im Gefängnissystem in den USA.

solche zu erklären ist eine Form kommerzieller Fake News, auch wenn diese keine faktisch falschen Behauptungen beinhalten. Sogar in Zeitungen sieht man Werbebeiträge, die nur sehr schwer vom journalistischen Inhalt der Zeitung zu unterscheiden sind.

Auch wenn die Werbeindustrie in den vergangenen Jahren Journalismus gekonnt imitiert und simuliert hat, ist es nicht die Werbeindustrie, die Fake News erfunden hat. Wie mit vielen anderen Marketing-Tricks, so ist auch vorgetäuschte Berichterstattung eine Methode, die ihren Ursprung in Kriegspropaganda und machtpolitisch motivierter Desinformation hat. Die Anwendung von Fake News als (sanfte) Waffen in Konflikten, Machtkämpfen und Kriegen ist genauso alt wie die Erfindung der Druckmaschine.[82]

Propaganda/Desinformation

Während des US-amerikanischen Unabhängigkeitskriegs war Benjamin Franklin als Repräsentant für die USA 1782 in Paris zum Anlass der Friedensverhandlung mit England. Hier veröffentlichte Franklin eine gefälschte Ausgabe der Zeitung *The Boston Independent Chronicle*. Die gefälschte Ausgabe berichtete von einem Massaker, bei dem mehr als 700 Menschen, einschließlich Bauern, Frauen, Kindern und Säuglingen, von Ureinwohnern auf Befehl der Engländer skalpiert wurden. Um die Zeitung so authentisch wie möglich erscheinen zu lassen, wurde dieselbe Typografie wie in der originalen Ausgabe benutzt. Außerdem wurden erdichtete Anzeigen und Nachrichten der gefälschten Ausgabe hinzugefügt.

Abb. 31 Die erdichtete Nachricht von Benjamin Franklin in einer
gefälschten Zeitungsbeilage von 1782.[93]

Die Absicht von Franklins Fake News bestand nicht darin, Zeitungen an Leser und die Aufmerksamkeit der Leser an Inserenten zu verkaufen. Franklin hatte als Ziel,
die öffentliche Meinung in England und in Europa zu beeinflussen. Die Zirkulation der gefälschten Nachricht in
englischen Zeitungen – als Desinformation – konnte zu

einem internen Konflikt führen, bei dem sich die englische Bevölkerung und die europäische Öffentlichkeit gegen den Krieg und damit auch gegen den König wendete.[84] Mithilfe dieser Lügengeschichte versuchten die Amerikaner, sich in ein besseres Licht zu setzen, um damit ihre Position im geopolitischen Machtspiel und letztendlich in den Friedensverhandlungen zu stärken.

Die Distribution von Fake News und Desinformation kann machtpolitische Vorteile schaffen. In politischen Machtkämpfen, Konflikten und Kriegen können sie als sanfte Propagandawaffe dienen, indem sie Misstrauen, Verwirrung und interne Spaltung beim Gegner verursachen. Im eigenen Lager können Fake News und Desinformation benutzt werden, um Kampfgeist, Loyalität und Unterstützung zu erzeugen.

Täuschende Skandalgeschichten, konstruierte Enthüllungen von Korruption und Betrug und erfundene düstere politische Verschwörungen bringen Politiker in Unehre und stellen diese als korrupt, unmoralisch und sogar bösartig dar. Die gleiche Taktik kann man bei unerwünschten Journalisten und Medien einsetzen, und man kann selbst ganze Bevölkerungsgruppen mithilfe von Fake News und Desinformation dämonisieren. Auf längere Sicht würde man dadurch den sozialen Zusammenhalt schwächen, und eine konstruktive und gesittete politische Debatte wäre bedroht, was interne und externe politische Akteure und Gegner zu ihrem Vorteil nutzen könnten – nach dem Motto »Teile und herrsche«.

Es ist nicht notwendig, dass Bürger, Journalisten und Politiker Fake News als tatsächlich wahre Nachrichten akzeptieren, wie es die Absicht mit Franklins Geschichte war. Es ist ausreichend, die Öffentlichkeit mittels Fehl-, Falsch- und Desinformation zu verwirren. Zum Beispiel hat man diskutiert, inwieweit sich Russland dieser Taktik bedient hat, um Chaos mittels innenpolitischer Propaganda und geopolitischer Desinformation zu verbreiten. Werden traditionelle sowie soziale Medien mit verschiedenen und gegensätzlichen Erzählungen überschwemmt, dann weiß am Ende keiner mehr, was wahr und was unwahr, was wirklich und was fabriziert ist.[85]

Mal abgesehen von den Fragen, ob all die Desinformation ihren Ursprung in Russland hatte, wie zentral organisiert diese war und welche Absicht dahinter stand, kann man konstatieren, dass Desinformation in den USA während des Wahlkampfs zu Desorientierung geführt hat. Einer Umfrage des Pew Research Centers zufolge waren Fake News für viel Verwirrung betreffs wirklicher Fakten bei 63% der Befragten verantwortlich (»a great deal of confusion«). 24% waren teilweise verwirrt (»some confusion«), und nur 11% waren etwas bis gar nicht verwirrt.[86]

Wenn Desinformation in solch einem Ausmaß verbreitet ist, wie wir es während der amerikanischen Präsidentschaftswahlen gesehen haben, dann bedroht Desinformation die nationale und internationale Sicherheit, und sie ist eine Bedrohung für die Demokratie. Die internationale Sicherheitskonferenz in München Anfang 2017 bezeugt dies ebenfalls. Die Konferenz hat einen Report mit folgendem aussagekräftigen Titel veröffentlicht: »Post-Truth, Post-West, Post-Order«, in dem ein Kapitel die ebenfalls vielsagende Überschrift trägt:

Des(information): Fake It, Leak It, Spread It[87]

Fake News und Desinformation untergraben das Vertrauen zu Medien und Politikern, und das ist, dem Report zufolge, die größte Bedrohung, die Fake News und Desinformation darstellen. Misstrauen gegenüber Journalisten und Politikern kann dazu führen, dass die Bürger noch empfänglicher für Fake News werden (Colombo & Magri 2017). Das erzeugt dann wachsendes Misstrauen – ein Teufelskreis, der letztendlich die Demokratie bedroht.

Braden R. Allenby, Professor an der Arizona State University, fasst zusammen, wie Fake News und irreführende Erzählungen als Waffe (*weaponized narratives*) auf nationalen und internationalen Kampfplätzen missbraucht werden können, nämlich indem man

Informations- und Kommunikationstechnologien, Services und Werkzeuge dafür verwendet, Geschichten mit dem Ziel zu kreieren und zu verteilen, die Institutionen, die Identität und die Zivilisation eines Gegners zu untergraben und zu unterminieren. Dies funktioniert durch die Aussaat und die Verschärfung von Komplexität, Verwirrung und politischen und sozialen Spaltungen.[88]

Sieht man sich die konstruierten Geschichten, die während des deutschen Wahlkampfs im Internet kursierten, näher an, stellt man fest, wie diese unabhängig von ihrem Ursprung und wirklicher Absicht gut in die Beschreibung der Erzählung als Waffe passen. Wie in den USA war diese

Art von Narrativen auch in Deutschland polarisierend, sie untergrub Vertrauen, und sie brachte Einzelne unter Verdacht – konspirative Erzählungen eignen sich sehr gut dazu, Misstrauen, Verwirrung und Konflikte zu säen.

Superschurke Merkel

Auch in Deutschland haben Fake News Einzug gehalten, unter anderem mit Geschichten über Angela Merkels Selfies an der Seite von Terroristen, ihren mentalen Störungen oder dass sie führende deutsche Medien wie das ZDF steuert. Während der deutschen Bundestagswahlen 2017 hatte man die Besorgnis, dass diese sich nicht vom Einfluss von Fake News freisagen können.

Abb. 32 Ein manipuliertes Bild mit Angela Merkel, die sich angeblich für ein Selfie mit einem mutmaßlichen Terroristen vor das Brandenburger Tor in Berlin gestellt haben soll.

Die Besorgnis zeigte sich an allen Fronten. Regierungsbeamte, die etablierten Medien und diverse Plattformen sozialer Medien wie Facebook und Google waren alle in

Alarmbereitschaft. Newsfeeds wurden laufend über-
prüft, falsche[89] versuchte man augenblicklich zu löschen,
und in angesehenen Zeitungen und Zeitschriften wie
Süddeutsche Zeitung, Der Spiegel und *Stern* informierte
man die Leser mittels Anzeigen darüber, woran man
eventuelle Fake News erkennen kann.[90]

Dennoch konnte die Zirkulation von Fehl- oder Desinformation während des Wahlkampfs in Deutschland nicht
verhindert werden, auch wenn diese nicht so stark war wie
während der Wahlen in den USA im Jahr zuvor. Der größte
Teil der Fehl- oder Desinformation kreiste um Angela
Merkels Flüchtlingspolitik. Laut UNO ist Deutschland das
Land, in dem seit 2015 die größte Anzahl von Asylanträ-
gen gestellt wurde. Insgesamt hat Deutschland mehr als
einer Million Kriegsflüchtlingen, hauptsächlich den aus
Syrien kommenden, Asyl gewährt. Diese Tatsache wurde
gegen Merkel gewendet, indem Desinformation betreffs
Flüchtlingen, Migranten, Muslimen und dem Islam veröffentlicht wurde. So wurden falsche Gerüchte über krimi-
nelle Flüchtlinge und über Deutschlands Zahlung hoher
Sozialleistungen an Flüchtlinge verbreitet. Dazu kommen
falsche Geschichten, wonach Angela Merkel bereit war,
weiteren zwölf Millionen Flüchtlingen in Deutschland
Asyl zu gewähren. Ein großer Teil dieser Fehl- oder Des-
informationen wurde lokal in Umlauf gebracht, andere
wiederum hatten ihren Ursprung in Russland.[91]

Eine dieser Geschichten mit viel Schubkraft wurde mithilfe eines Fotos vermittelt. Auf dem Foto ist die Bundeskanzlerin mit jungen Frauen zu sehen, die ganz in Weiß

gekleidet sind. Das Bild ist mit folgendem Untertext versehen: »Merkel wünscht den kinderbräuten alles gute.« Mit diesem Text wird die falsche Erzählung vermittelt, dass Angela Merkel muslimische Zwangsverheiratungen minderjähriger Mädchen unterstützt. Der tatsächliche Umstand, unter welchem das Foto entstanden ist, war Angela Merkels Besuch in einem türkischen Flüchtlingslager im April 2016. Die weißen Kleider trugen die jungen Frauen zum Anlass der würdevollen Begrüßung der deutschen Bundeskanzlerin. Verglichen mit der Wirklichkeit sind die fiktiven Kinderbräute in weißen Hochzeitskleidern viel wirkungsvoller, wenn es um Aufmerksamkeit geht.

Abb. 33 Dem Tweet zufolge begrüßt Angela
Merkel muslimische Kinderbräute.

Im Großen und Ganzen blieb der deutsche Wahlkampf jedoch von Fake News und Desinformation verschont, aus verschiedenen Gründen – unter anderem aufgrund der komplexen politischen Struktur in Deutschland, die ein Zweiparteiensystem erschwert. Außerdem ist Deutsch mündlich und vor allem schriftlich nicht annähernd so verbreitet wie Englisch, was die Anzahl möglicher Fake-News-Produzenten weltweit verringert. Darüber hinaus organisierten Medien Faktenchecks, Facebook und Google setzten sich aktiv gegen Desinformation ein, und Änderungen in der Gesetzgebung erlaubten, dass soziale Medien im beträchtlichen Maße finanziell bestraft werden konnten, wenn diese nicht umgehend Hassreden und rechtswidrigen Inhalt entfernten.

4.9 Weißwaschen von Information und Versagen auf dem Marktplatz von Ideen

Fehlinformation, Desinformation und Fake News sind keine völlig neuen Erscheinungen. Neu ist das Medienumfeld des digitalen Zeitalters, das vortreffliche Produktions- und Verbreitungsbedingungen für alles von wahr bis falsch, Verdrehungen und Gerüchten bis hin zu Bullshit und fingierten Nachrichten schafft. Das Internet und die sozialen Medien bieten Zugang zu einem potenziell großen Publikum. Die Investitionen für Absender halten sich in Grenzen. Die digitale Manipulation und Verfälschung von Bildern kostet kaum etwas. Es gibt keine journalistischen Torwächter für die Information, die in Umlauf gebracht wird. Man kann anonym im Netz aktiv sein. Hinzu kommt die automatisierte Verbreitung von Information und Falschinformation durch *bots*. Das sind kleine Programme, die beispielsweise einem menschlichen Nutzer von Twitter ähneln, aber vollautomatisch (Falsch-)Information im Netzwerk verbreiten.

Laut Informatiker Emilio Ferrara sind ungefähr 15% aller Twitterprofile Bots.[92] Anfang Dezember 2017 schätzte Twitter Audit, dass 43% der Anhänger von Trumps Twitteraccount @realDonaldTrump gefälschte Follower, das heißt Bots sind.[93] Durch gefälschte Nutzerkonten und Bots als Anhänger lässt sich der Eindruck vermitteln, dass die Unterstützung des politischen Kandidaten, die Verärgerung über den politischen Gegner oder das Interesse für eine Nachricht größer ist als in Wirklichkeit der Fall. Eine Nachricht wirkt legitimer, je mehr Aufmerksamkeit sie bekommt und je mehr sie zirkuliert wird. In diesem Zusammenhang spricht man von einem *sozialen Beweis* von Qualität und Wahrhaftigkeit. Der Beweis ist dadurch gegeben, dass viele andere eine Nachricht lesen und teilen. Wird der kritische Sinn des sozialen Beweises verdrängt, resultiert das in einem *Lemming-Effekt*, und man tut, was man tut, weil die anderen es tun (Hendricks & Hansen 2016). Bots können dazu beitragen, dass sich dieses sozialpsychologische Phänomen verstärkt.

Je mehr Fehlinformation durch Verbreitung und Wiederholung den Weg zu neuen Plattformen und Medienhäusern sowohl aus der anerkannten wie der eher kreativen Presse findet, umso mehr wird sie *weißgewaschen*. Es gibt Beispiele für Geschichten, die eigentlich nur als Spaß oder Satire in Gang kamen. Mit der Zeit wurden sie durch Zirkulation weißgewaschen und schließlich als Nachrichten geteilt. Die Digitalisierung schafft Bedingungen für Debatte und Meinungsbildung, unter denen Nachrichtenprodukte von schlechter Qualität und mit geringem oder gar keinem Wahrheitswert genauso gut gedeihen wie gut dokumentierte wahrheitsgetreue Nachrichten (Mocanua et al., 2015). Wahrhaftigkeit ist selten der Gewinner, wenn es um Aufmerksamkeit geht. Hier sind es oft falsche Anklagen, Lügen und Bullshit, die den Kampf gewinnen. Was sich viral verbreitet, ist nicht unbedingt wahrhaftig, und was wahr ist, verbreitet sich nicht unbedingt viral. Laut Marktoptimisten überwinden die guten und wahrhaften Ideen die schlechten Ideen ohne jegliche Zensur. Auf dem freien und unkontrollierten Markt für Nachrichten und Information ist dies jedoch nicht der Fall.

Ideen und Meinungen rivalisieren miteinander. Dadurch haben wir die Möglichkeit, sie alle zu testen und gegeneinander abzuwägen. Wir sind rationale Verbraucher von Ideen, und wir wählen die »besten« unter allen möglichen Ideen für uns aus. Auf die gleiche Weise können »schlechte« Produkte nicht auf dem Markt überleben, weil diese nicht nachgefragt sind. »Gute« Produkte hingegen befriedigen eine Nachfrage, und dadurch bestehen diese auf dem Markt. Das Gleiche gilt für »gute« Ideen,

die sich auf dem Markt durchsetzen, und für »schlechte«
Ideen, die ausgesondert werden.[94]

Der Marktplatz der Ideen, wo »gute« Informationspro-
dukte wirksam von »schlechten« Produkten abgesondert
werden, setzt allerdings voraus, dass die Verbraucher dieser Ideen diese vernünftig und nüchtern in Bezug auf
Qualität und Zuverlässigkeit gegeneinander abwägen.
Im Idealfall bilden vernünftige Agenten sich ihre Meinung
aufgrund von Fakten. Jedoch sind wir weder rationale
Agenten noch *Homo economicus.* Wir sind Menschen
und mehr von unseren Gefühlen kontrolliert als von unserer Vernunft. Man kann uns leicht hinters Licht führen,
täuschen und betrügen. Aktiviert man die Emotionen und
(un)bewussten Träume und Ängste in uns Menschen, dann
neigen wir dazu, gegen unbequeme Tatsachen resistent zu
sein. Psychologische Mechanismen sind im Spiel: Wir
glauben an das, an das wir gern glauben möchten. Die
psychologischen Mechanismen werden nicht durch eine
bestimmte Medienstruktur erzeugt, aber ihr Effekt wird
verstärkt, weil es so leicht geworden ist, Information in
Übereinstimmung mit den eigenen Haltungen zu finden.
Unabhängig davon, ob die Information wahr ist oder
nicht, *fühlt* es sich gut an, daran zu glauben.

5 Faktenresistenz, Populismus und Verschwörungstheorien

5.1 Truthiness

2005 präsentierte der TV-Moderator Stephen Colbert in seiner beliebten Satireshow *The Colbert Report* den Begriff *truthiness* – wohl am besten übersetzt mit »wahrheitsartig«. Truthiness wird verwendet als »Wahrheit, die aus dem Bauch kommt und nicht von Fakten«[95], und definiert als *der Glaube an das, was du als wahr fühlst, statt an das, was die Fakten stützen.*[96]

Der Begriff schlug an und wurde vom Wörterbuchverlag Merriam-Webster zum Wort des Jahres 2006 gekürt. Er richtete sich vor allem kritisch gegen das politische Umfeld der konservativen Rechten in den USA, die sich vor der Breitbart-Ära um Fox News sammelte. *The Colbert Report* war eine bissige Parodie auf dessen politisch stark einseitige Berichterstattung. Die kritische Satire lenkte den Blick darauf, dass es vor allem bei der konservativen Rechten bis hin zum damaligen Präsidenten Bush oft als ausreichend galt, etwas als wahr zu empfinden, um es als wahr zu akzeptieren. Aber nicht nur bei den Rechten können Bauchgefühle als faktische Wahrheit durchgehen – das Problem ist ein allgemein menschliches. Auch die kognitive Psychologie bestätigt das Truthiness-Phänomen. Sie hat experimentell die Bedeutung von politischem Bias nachgewiesen, sowohl bei der Auswahl von Information wie bei der Frage, welche Information als wahr akzeptiert wird.

5.2 Ungelegene Fakten

Ersichtlich ist eine klare Tendenz, dass die politischen Haltungen von Menschen den Ausschlag dafür geben, was sie als faktische Information hören und glauben.

Zu glauben, dass man recht und die Fakten auf seiner Seite hat, ist ein schönes Gefühl. Ganz anders verhält es sich mit der Erkenntnis, sich vielleicht zu irren. Bei der Aufnahme von faktischer Information, die nicht mit der eigenen Haltung übereinstimmt oder ihr direkt widerspricht, entsteht ein Gegensatz zwischen eigenen Überzeugungen, Haltungen und Werten, der zu *kognitiver Dissonanz* (Festinger 1957) führen kann.

Kognitive Dissonanz ist ein unangenehmer mentaler Zustand. Eine Methode, dem zu entrinnen, besteht in der selektiven Auswahl von Information, der man von vornherein Aufmerksamkeit zukommen lässt. Darum geht es beim *Selektionsbias*. Selektionsbias ist eine experimentell nachgewiesene Tendenz, Information und Informationsquellen passend zu dem auszuwählen, was wir als Tatsache *gerne* hören *möchten*. Wir schenken dem Aufmerksamkeit, was wir uns als wahr wünschen, und umschiffen unbequeme Wahrheiten (Manjoo 2008). Das spiegelt sich im Medienkonsum mit dem vor allem in den USA deutlich sichtbaren Trend, dass Menschen sich für die mit ihren politischen Überzeugungen übereinstimmenden Medien entscheiden. Eine Untersuchung zum Selektionsbias im Verhältnis zu Nachrichtenquellen hat nachgewiesen, dass eine als Fox-Nachricht ausgewiesene Meldung von mehr Republikanern gelesen wird als eine ohne Quellenangabe oder (noch schlimmer) als eine CNN-Meldung. Das Gegenteil gilt für Demokraten, die ihre Nachrichten auch mit Blick auf deren Quellen auswählen – aber mit vertauschten Vorzeichen und nicht so ausgeprägt (Abb. 34). Auch die menschliche Psyche macht politisch eingefärbte Berichterstattung zu einem einträglichen Geschäft. Der Nachrichtenverkauf und die Einschaltquoten ziehen an, wenn man den Menschen erzählt, was sie gern hören möchten.

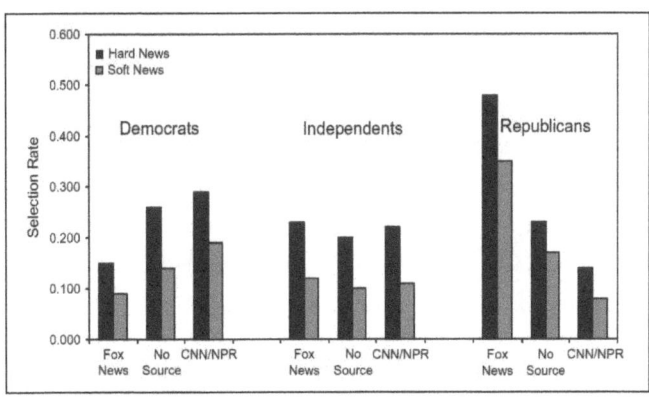

Abb. 34 Grafische Darstellung zur Auswahl von Nachrichtenquellen verteilt auf politische Zugehörigkeiten. (Quelle: Lyengar & Hahn 2009)

Sollte jemand trotz Selektionsbias bei der Wahl seiner Quellen unglücklicherweise trotzdem noch Informationen ausgesetzt sein, die seine Haltung mit ungelegenen Fakten herausfordern, verspricht ein anderes Phänomen Abhilfe. Die ungelegene Information, die man vorgesetzt bekommt, lässt sich als unglaubwürdig abtun, sodass die Dissonanz umgangen wird. Darum geht es bei der *motivierten Wahrnehmung*.

5.3 Motivierte Wahrnehmung

Motivierte Wahrnehmung stellt das Prinzip auf den Kopf, wonach die eigene Haltung auf der Grundlage von Fakten gebildet wird. Wer motiviert wahrnimmt, fängt rückwärts an mit einer festgezimmerten Haltung und akzeptiert nur die Fakten, die diese stützen können.

[Motivierte] Wahrnehmung beginnt ... mit den Schlussfolgerungen und arbeitet sich zurück, um die »Fakten« zu finden, die unterstützen, woran wir schon glauben. Wenn Fakten präsentiert werden, die unseren Überzeugungen zuwiderlaufen, finden wir hinterlistige Methoden zur Leugnung. Wir sind eher geschmeidige Anwälte der Verteidigung als objektive Wissenschaftler.[97]

Motivierte Wahrnehmung trägt markant zur Skepsis gegenüber den Wissenschaften bei. Nachgewiesen ist eine statistische Korrelation zwischen der Position als Anhänger unregulierter Marktwirtschaft auf der einen Seite und gleichzeitiger Skepsis gegenüber Klimaforschung und den von Menschen bewirkten Klimaveränderungen (Lewandowsky et al. 2013) auf der anderen Seite. Die Behauptung – so erklärt die Untersuchung –, dass CO_2-Emissionen eine enorme reale Bedrohung darstellen, bedroht zugleich die stark von fossilen Brennstoffen abhängige Marktwirtschaft. Lieber die Glaubwürdigkeit der Klimaforschung infrage stellen als die eigene Haltung zum Markt revidieren, könnte hier als Prinzip gelten. Derselbe Hang zu Faktenresistenz lässt sich bei der Linken konstatieren, wenn es um Waffengesetze geht und die Zahlen nicht so recht zur eigenen Überzeugung passen wollen, dass schärfere Waffengesetze die Zahl von Morden mit Schusswaffen reduzieren *müssten*.[98] Diese Tendenz ist so ausgeprägt, dass sich die Fähigkeiten von Menschen zur Lösung mathematischer Aufgaben verringert, wenn ihnen das Ergebnis widerstrebt. Motivierte Wahrnehmung muss tief verankert sein, wenn sie die Befähigung zum Rechnen beeinflusst. Man wählt lieber die eigenen Fakten, sowie auch Rechenregeln, oder sortiert sie aus, als eine Haltung zu ändern und Fakten die eigene Realitäts- und Selbstwahrnehmung stören zu lassen. Warum auch, wenn so sicher feststeht, dass man recht hat?

Eine experimentelle Studie (Kulinski et al. 2000) hat den Zusammenhang zwischen politischen *Haltungen zu* und faktischem *Wissen über* staatliche Sozialleistungen und deren Empfänger (Höhe von Leistungen, die durchschnittliche Empfangsdauer von Sozialleistungen etc.)

untersucht. Die Studie zeigt, dass die am stärksten ideologisch geprägten Personen auch die sind, die am stärksten zu faktischen Fehlern tendieren. Aber die Studie weist
überdies nach, dass ausgerechnet diese Personen am
selbstsichersten davon überzeugt sind, *recht* zu haben.
Deshalb kann es schwer werden, die mit dem allerhöchs-
ten Bedarf an einer Dosis Fakten zu überzeugen. Diese
psychologischen Bedingungen schaffen guten Nährboden für Fehlinformation. Noch besser funktioniert das,
wenn wir uns zu einem Haufen zusammenrotten, grup-
penweise polarisieren, uns mit dem *Stamm* identifizieren
und *wir-gegen-die-anderen* denken.

5.4 Loyale Lügen

Im Krieg ist die Wahrheit bekanntlich das erste Opfer.
Das gilt auch bei einem (kalten) Richtungskrieg zwischen
politischen Flügeln, die so stark polarisiert sind, dass der
andere als Feind aufgefasst wird. Sind Stammesdenken
oder Tribalismus (bei dem man sich massiv mit der eigenen Gruppe identifiziert) ausreichend kräftig ausgeprägt,
reduziert sich Politik auf ein Freund-Feind-Verhältnis, bei
dem die Wahrheit und oft auch die Substanz in den Hintergrund gedrängt werden. Dann geht es nur noch um
den Sieg. Im Krieg sind alle Tricks erlaubt. Auch Lügen,
Irreführung und bewusste Desinformation. Wenn *die anderen* als Feinde betrachtet werden, legitimiert das die
blauen Lügen. Der Ausdruck »blaue Lügen« im amerika-

nischen Englisch entstammt Fällen, in denen Polizeibeamte zum Schutz von Kollegen gelogen haben, entweder aus Korpsgeist oder weil sie die Verurteilung eines Angeklagten mit herbeiführen wollten (Barnes 1994). Blaue Lügen sind Lügen im Namen und zum Vorteil einer Gruppe.[99] Sie können den inneren Zusammenhalt und die gegenseitige Loyalität der Gruppenmitglieder stärken. Aber wer nicht zu dieser Gruppe gehört, bezahlt den Preis. Übersteigt die Loyalität gegenüber der Gruppe von Polizeibeamten die zum Gesetz und den Bürgern, untergräbt das den Rechtsstaat. Und ist die politische Loyalität gegenüber der Partei, dem Minister oder Präsidenten stärker als zu Gesetz, Verfassung und den Bürgern insgesamt, untergräbt das die Demokratie.

Angesichts der starken Polarisierung von Politik und Bevölkerung in den USA können blaue Lügen einen Teil der Erklärung dafür liefern, dass so viele Trump-Anhänger augenscheinlich nicht negativ auf Enthüllungen über Unwahrheiten und Lügen reagieren (Abb. 35).

Es sind Lügen im Namen der *Bewegung* und zu deren Vorteil gegenüber einem Feind, der bekämpft werden muss. Das meint der Politikwissenschaftler von der Texas A&M University George Edwards. Er erklärt das Ausbleiben von Reaktionen unter Republikanern auf die Entlarvung von Trumps Unwahrheiten als Konsequenz von Stammesdenken, tiefer Polarisierung und gruppeninterner Akzeptanz blauer Lügen als legitimer Waffe gegen *die anderen*:

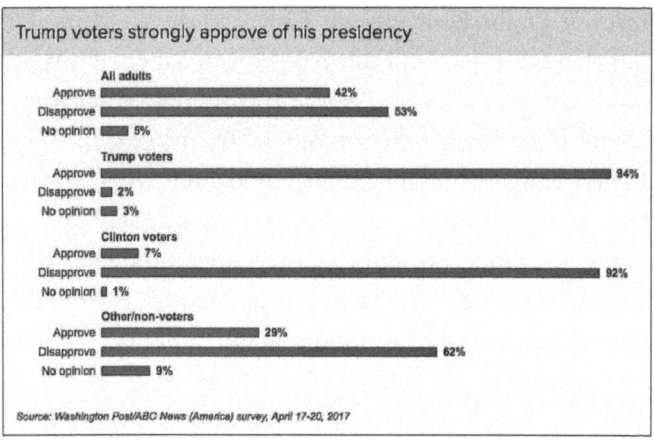

Abb. 35 Umfrage vom 17. April 2017, die eine tiefe Spaltung bei der Bewertung von Trump als Präsident zeigt. 94% der Trump-Wähler stimmen zu und nur 2% sind unzufrieden. Bei den Clinton-Wählern stimmen 7% zu, während 92% den Daumen nach unten wenden.[100]

Die Menschen billigen Lügen gegenüber feindlichen Nationen. Und da viele die Anderen auf der entgegengesetzten Seite der amerikanischen Politik als Feinde ansehen, könnten sie denken, dass Lügen, wenn sie diese als solche erkennen, angemessene Mittel der Kriegsführung sind.[101]

Derart tief sitzende Polarisierung und so ausgeprägtes Stammesdenken haben Auswirkungen auf die grundlegende Fähigkeit zur Beobachtung – oder die Bereitschaft, wahrheitsgemäß zu berichten, was man beobachtet. Die faktische Frage, welche Menschenmenge auf zwei Bildern mit deutlich erkennbarem Unterschied (siehe Kapitel 4) die größere ist, kann unter diesen Umständen zu einer politischen Frage werden, bei der die Antwort von der politischen Zugehörigkeit abhängt (Abb. 36).

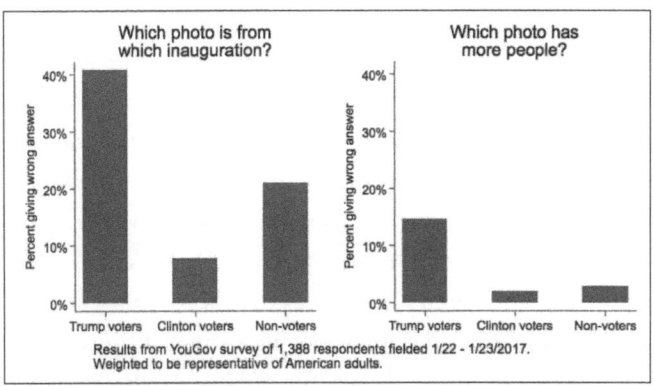

Results from YouGov survey of 1,388 respondents fielded 1/22 - 1/23/2017.
Weighted to be representative of American adults.

Abb. 36 Stammesdenken und Polarisierung können starke Faktenresistenz auslösen. 40% der Trump-Anhänger meinten, dass das Bild von Obamas Amtseinsetzung mit der größeren Menschenmenge von Trumps Einsetzung stammte. Schlimmer noch: 15% der Trump-Anhänger waren, als ihnen das Bild von Trumps Einsetzung gezeigt wurde, sogar zu der Behauptung bereit, möglicherweise als blaue Lüge, dass die Menschenmenge hier größer sei als auf dem Bild von Obamas Einsetzung 2008.[102]

Psychologische Biasphänomene und sozialpsychologische Gruppen- sowie Polarisierungsmechanismen verursachen nicht nur Faktenresistenz. Sie tragen auch zur Popularisierung simpler, identitätsstiftender Wir-versus-die-anderen-Narrative bei. Unsere Psyche wie auch das Medienumfeld sind deshalb wie geschaffen für den Populismus, der derzeit so günstige Bedingungen vorfindet.

5.5 Populismus: Wir gegen die anderen

Populismus ist keine spezifische politische Ideologie. Populismus ist eher eine Strategie, in deren Zentrum das

Motto »Wir gegen die anderen« steht. Er lebt von polarisierten und exkludierenden Erzählungen über Freunde und Feinde (innere wie äußere). Dem deutschen Politikwissenschaftler Jan-Werner Müller von der Princeton University zufolge lautet das Kernnarrativ, dass die Populisten selbst – und nur sie allein – den wahren Willen *des Volkes* (in der Einzahl) repräsentieren (Müller 2016). Man denke an den Slogan des Front National »au nom de peuple«, »im Namen des Volkes«, oder Nigel Farages Umschreibung des Brexit als Sieg für *richtige Menschen* (englisch *real people*«). Der Populismus teilt die Bevölkerung in das richtige Volk und »die anderen«. In zweiter Linie teilt er die Politiker auf in diejenigen, die das richtige Volk repräsentieren – die Populisten selbst –, und »andere« Politiker, die folgerichtig nicht den Willen des Volkes repräsentieren. Populisten erstellen eine symbolische Konstruktion vom *Volk*, das dann genau als ihre Anhänger und die eigene Wählergrundlage identifiziert wird. Sie behaupten nicht, »nur« 99 % zu vertreten. Vielmehr beanspruchen sie das Patent auf 100 % des Volkes, weil der Rest als *die anderen* exkludiert wird: Populismus ist anti-pluralistisch.

Auch wenn der Rechtspopulismus den kräftigsten Wind in den Segeln hat, kann die Rechte nicht das Monopol auf den Populismus beanspruchen. Hugo Chávez, früherer Präsident von Venezuela, ist ein glänzendes Beispiel für Linkspopulismus. Ehe er 2013 starb, hatte er das Land wirtschaftlich wie demokratisch an den Rand des Zusammenbruchs getrieben – natürlich im Namen des Volkes sowie von Sozialismus und Demokratie. Seine Widersacher wurden zu Feinden sowohl des Volkes wie der

Demokratie erklärt.[103] Erdogan verfolgt dieselbe politische Taktik in der Türkei mit einer religiösen islamistischen Ideologie im Hintergrund: »Wir sind das Volk. Wer bist du?«[104] Bist du nicht mit mir, bist du gegen das Volk, lautet der populistische Kehrreim. Das bedeutet, dass im populistischen Begriffsapparat politische Gegner nicht als Repräsentanten anderer legitimer Standpunkte oder Meinungen angesehen werden – was Grundvoraussetzung für eine pluralistische, liberale Demokratie ist. Stattdessen werden politische Kontrahenten als Teil der Elite hingestellt, die das Volk verraten, dessen Wünsche ignorieren und notorisch nicht auf die Stimme des Volkes hören wollen. Der Gegner wird zu den *anderen*, zum *Feind*. »Die anderen« können Zuwanderer sein, die den Populisten zufolge eine Bedrohung für die nationale Sicherheit, Identität oder auch das Wertegerüst ausmachen. Oder es sind die politischen Eliten in Washington, Paris oder Brüssel, die das Volk verraten, indem sie die Grenzen offen lassen und damit einen Ausverkauf der Nationalstaaten und deren jeweils rechtmäßiger Bevölkerung betreiben. »Die anderen« kann auch die Medieneliten – einschließlich Faktencheckern – umfassen. Sie werden routinemäßig der Verschleierung der Wahrheit und Produktion von »Fake News« angeklagt, um die Stimme des Volkes verstummen zu lassen, wenn einem die Berichterstattung gegen den Strich geht.[105]

In Deutschland hat die rechtsradikale Gruppe Pegida den historisch negativ geladenen Ausdruck »Lügenpresse« ausdrücklich benutzt, wenn sie sich zu den Medien geäußert hat. Der Sprachgebrauch der Alternative für Deutschland war dagegen etwas moderater. Hier hat man die Presse als »Pinocchio-Presse« bezeichnet. Trotz unterschiedlicher Bezeichnungen ist die Haltung doch dieselbe.

Abb. 37 Ein Tweet von Donald Trump, in dem die etablierten Medien zu Feinden des amerikanischen Volkes erklärt werden.

5.6 Soziale Transmission: Indignation und Furcht

Populistisch exkludierende und polarisierende Narrative im Sinne des »Wir gegen die anderen« eignen sich bestens zur Eroberung von Aufmerksamkeit und der Herrschaft über die Tagesordnung. Es handelt sich um eine effiziente Medienstrategie, die mit Gefühlen spielt. Erzählstrukturen, in denen »die anderen« als Schurken auftauchen, sind wirkungsvoll, wenn Wut oder Furcht geweckt werden sollen. Nachrichtenbeiträge, die Zorn (Indignation)[106] und Furcht erzeugen, haben eine wesentlich höhere Wahrscheinlichkeit zu viraler Verbreitung und können damit Aufmerksamkeit in den sozialen Medien ansaugen (Berger & Milkman 2012). Negative Gefühle wie Wut und Angst auf der einen Seite sowie Ehrfurcht und ein Gefühl von Faszination auf der positiven Seite bezeichnet man als *aktivitätsmobilisierende* Gefühle. Sie motivieren zum Handeln. Im Gegensatz dazu werden Traurigkeit oder Melancholie als aktivitäts*de*mobilisierend eingestuft. Ist man traurig über die Aussagen des eigenen Kandidaten, kann das demobilisieren, sodass man nicht wählen geht, obwohl der Gegenkandidat viel schlimmer wirkt. Zu *handeln* bedeutet auch zu teilen, zu retweeten, liken – Online-Gesten, die bestens als Treibstoff für die soziale Transmission von Medienmaterial dienen. Willst du Inhalte viral verbreiten, treib den Leuten die Zornesröte ins Gesicht oder versetze sie in Angst.

Die Alternative für Deutschland hatte unter anderem mit folgenden Wahlsprüchen um Wählerstimmen bei der Bundestagswahl 2017 geworben. Viele dieser Slogans aktivieren Gefühle wie Entrüstung, Angst und Empörung:

- Der Euro ruiniert Europa. Auch uns!
- Asylchaos stoppen – Grenzen sichern!
- Ich wähle AfD, weil ich weiß, was der Islam bedeuten kann, wenn wir nicht aufpassen.
- Meine deutschen Freunde, lasst uns diese tolle Stadt Berlin, unsere Heimat, beschützen!
- AfD – unbequem, echt, mutig
- Wir sind nicht das Welt-Sozialamt!
- Mehr Sicherheit für unsere Frauen und Töchter!
- »Burkas?« Wir steh'n auf Bikinis.
- »Neue Deutsche?« Machen wir selber.[107]

Populistische Erzählungen sind nur selten ganz abgekoppelt von der Wirklichkeit. Bürger, die populistisch wählen, können aus Gründen empört oder angsterfüllt sein, die solide in harten, unangenehmen Fakten verankert sind. Zunehmende Ungleichheit, soziale und kulturelle Stigmatisierung, Integrationsprobleme, der wachsende Abstand zwischen Stadt und Land sind allesamt denkbare Gründe und Motive für Gefühle von Indignation, Zorn und Furcht, die auf Faktenkenntnis beruhen. Fakten und Nachrichten lassen sich zur Stützung des populistischen Anliegens auswählen. Als ein Wahrzeichen gehört zum Populismus, komplexe Dinge und Zusammenhänge zu simplifizieren, Fakten herauszupicken sowie Themen und Informationen dazu so einzurahmen und zu winkeln, dass sie zum stereotypen Gegensatz »Wir gegen die anderen« passen. Tatsachen, die dieser Grunderzählung widersprechen, werden aussortiert oder als bedeutungslos weggeredet à la: »Auch wenn die Statistik keine Steigerung der Kriminalität zeigt, muss es sie geben. Wir können sie nur nicht erkennen, weil es Grauzonen gibt.« Natürlich *gibt* es Grauzonen, denn nicht alle Fälle kommen zur Anzeige. Aber wenn die Zurückweisung von Zahlen zum automatischen Reflex wird, sobald sie nicht in die eigene politische Argumentation passen, zeigt das ein fundamentales Misstrauen mit fatalen Folgen für die auf faktisch informierter Grundlage geführte politische Debatte.

Beim Populismus ersetzen Stereotype oft die Fakten. Sündenböcke und vereinfachte Erklärungen werden zum Ersatz für die komplexen, vielfach schwer durchschaubaren Beziehungen zwischen Ursache und Wirkung auf der Welt (Dahlgren & Alvares 2016). Populisten haben auch eine vereinfachte Antwort auf eine existenzielle oder religiöse Frage, die Menschen zum Himmel gerufen haben, seit es Religion gibt: *Warum leide ich?!*

5.7 Warum leide ich?

Der pessimistische Philosoph Arthur Schopenhauer (1778–1860) hat einen unangenehm scharfen Blick darauf, dass der Mensch ein wahrer Meister in der Kunst des Leidens ist. Unser ganzes Leben ist ihm zufolge Leiden in unterschiedlicher Form (Schopenhauer 1977: 670–690). Leiden kann man auf vielerlei Weise. Von basalen physischen Schmerzen und Qualen, Durst, Hunger, Krankheit und Armut bis zu mangelnder Anerkennung, Angst, Entfremdung, Entwurzelung, sozialer und politischer Marginalisierung sowie Stigmatisierung etc. Leiden hat viele Formen, und die Frage »Warum leide ich?« ist eine grundlegende existenzielle, die immer wieder aufs Neue gestellt worden ist, seit Hiob im Alten Testament den Anfang machte.

In seiner Leidensgeschichte wird die unschuldige Hauptperson einer Katastrophe nach der anderen ausgesetzt. Ursache ist eine Wette zwischen Gott und dem Teufel, ob Hiob bei so viel existenziellem Gegenwind an seinem Gottesglauben festhält. Hiobs Freunde, nicht unbedingt Kandidaten für Freundschaftspreise, halten trotz alledem daran fest, dass er gesündigt haben muss, weil er ja sonst nicht so von Leiden betroffen sein würde. Alles Leiden ist in ihren Augen Gottes Strafe für Sünde und – da Gott ja die Gerechtigkeit selbst ist – eine gerechte Strafe: »Die *Unheil pflügen und Mühsal säen,* die *ernten es auch.*« (Hiob 4,8) Deshalb meinen sie, dass Hiob zwangsläufig schuldig sein muss, das aber vielleicht selbst vergessen hat, denn *man erntet, wie man gesät hat.*

Bis in die Moderne war dies die Standardantwort der Religion: Die Pest hat dich getroffen? Du musst gesündigt haben. Ein Erdbeben? Gottes Strafe! Das soll dir eine Lehre sein. Von dieser Art Erklärungen wimmelt es in der philosophischen und theologischen Theodizee-Tradition, die Gott als sowohl gut wie auch allmächtig verteidigt, obwohl es Leiden auf der Welt gibt. Das Wort »Theodizee« selbst setzt sich zusammen aus theo = Gott und diké = Gerechtigkeit. Der Philosoph Gottfried Wilhelm Leibniz (1646–1716) führte den Begriff ein, wobei er der traditionellen religiösen Erklärung von Leiden als Strafe philosophisch hinzufügt, Leiden sei ein notwendiges Übel in der besten aller möglichen Welten.[108] Dass der Mensch das nicht sehen kann, liegt an seiner eingeschränkten Perspektive. Aber Gott kann es. Und die Wege des Herrn sind unergründlich.

Voltaire schrieb mit *Candide – oder der Optimismus* einen satirischen Abgesang auf die Auffassung von Leiden als verdientem oder notwendigem Übel (Voltaire 1960). Für Voltaire verhöhnt die Leidenden, wer verkündet, dass sie selbst daran schuld seien oder dass das Leiden zur besten aller möglichen Welten als notwendige

Ingredienz gehöre: Es ist offenbar nicht genug, dass man leidet. Man soll auch noch daran leiden, dass es die eigene Schuld ist oder das Leiden als Grundton für die Harmonie des Weltalls akzeptieren. Dostojewskis Romanfigur Iwan Karamasow weist die Erlösung genau aus diesem Grund von sich: Wenn das Leiden, vor allem von Kindern, zwingend zur Erlösung und der Harmonie des Ganzen gehört, ist der Preis für die Eintrittskarte zum Paradies Iwan zufolge zu hoch; er lehnt dankend ab (Dostojewski 1953).

Auch wenn die großen religiösen Theodizee-Erklärungen aus der Mode gekommen sind, ohne dass sie in betont fundamentalistischen Kreisen ganz verschwunden wären, hat die eigentliche Erklärungsstruktur weitergelebt, wurde säkularisiert und hat ihren Weg in Politik und Wirtschaft gefunden. Die Erzählungen, die Menschen am untersten Ende der Einkommensskala oder Arbeitslose als Folge von Globalisierung, Rationalisierung und Automatisierung serviert bekommen, erinnern in ihren Grundstrukturen an die traditionellen Theodizee-Erklärungen. Ein paar Beispiele mögen das in karikierter Form illustrieren:

Du leidest (etwa nach dem Verlust deines Jobs), weil

- du nicht bereit bist, dich auf den globalisierten Markt umzustellen,
- du keine brauchbare Ausbildung hast,
- du keinen Wert mehr hast als Teil des »Eimers der Hoffnungslosen«.[109]

Auch wenn du vielleicht einer von denen bist, die jetzt einen Job verloren haben, ist Globalisierung auf lange Sicht gut für Wirtschaft und Wachstum und deshalb im Vergleich zu allem anderen das Beste. Deine Arbeitslosigkeit ist ein notwendiges Übel im »besten aller möglichen Wirtschaftssysteme«, weshalb nur deine eingeschränkte Perspektive ein düsteres Bild bringt. In Wirklichkeit ist es aus einer wirtschaftlichen Gesamtperspektive für alle auf längere Sicht gut so und wird Wachstum, Arbeitsplätze, Fortschritt bringen.

Im besten aller Wirtschaftssysteme wird man nach Einsatz und Fähigkeit belohnt. Der Markt ist rational: Das Einkommen gleicht dem Einsatz und der Produktivität, was wiederum dem Gesellschaftsnutzen gleichkommt. Das heißt, dass die am oberen Ende der Einkommensskala und die am unteren Ende so ernteten, wie sie es verdient haben. Die wachsende ökonomische Ungleichheit und die stagnierten Löhne der Mittelklasse sind dieser Logik entsprechend Ausdruck einer höheren Gerechtigkeit.

Du hast die Lage verdient, in der du steckst: *Man erntet, was man gesät hat*. Wenn die Menschen vom politischen System immer wieder diese Theodizee-Erklärungen vorgesetzt bekommen, kann es nicht überraschen, dass sie sich populistischen Erzählungen zuwenden, die wenigstens Leiden nicht als illusorisch oder sogar wohlverdient abtun. Der Populismus bedient sich eines säkularisierten Sündenfallmythos zur Erklärung von Leiden, der für den Leidenden deutlich ansprechender klingt: Etwas ist schiefgegangen, das Leid hat sich durch *sie* (Immigranten, die politische Elite, die etablierte Presse) ausgebreitet. Jetzt geht es darum, zu einem paradiesähnlichen Zustand vor dem Sündenfall zurückzufinden: »Make America great again...« Die populistischen Erzählungen haben deshalb im Gegensatz zu den Theodizee-Narrativen eine einfache und bequeme Antwort auf die Ursachen des Leidens: Es gibt einen Sündenbock, einen Schurken, nicht unbedingt für die Schuldzuweisung von allem Bösen, aber doch dem meisten, einschließlich des Versprechens auf Abhilfe vom Leiden:

– »Warum leide ich?«
– »Du leidest *ihret*wegen! Der anderen wegen. Und da können wir, die Populisten, glücklicherweise etwas machen!«

Das gibt populistischen Narrativen eine existenzielle Kraft, mit der sich nur schwer konkurrieren lässt. Gleichwohl hat deren Sündenbock-Vereinfachung zur Folge, dass sie die Verbindung zur Wirklichkeit verlieren und ihr Versprechen der (baldigen) Rückkehr ins Paradies nicht einhalten können. Jedenfalls nicht anders als mit einem symbolbeladenen und illusorischen Gefühl von Veränderung zum Besseren:

Das Hauptaugenmerk der populistischen Politik liegt somit auf der Hinwendung zu Menschen, die [auf die Rückkehr des Paradieses] warten – indem sie diese mit einem Grund für ihr Leiden ausstattet und dadurch sprachlich die postfaktische Welt aus ihren Überzeugungen wieder erschafft, sodass sie sich so fühlen, als ginge es für sie voran. Populismus ist kein System aus Fakten oder Lösungen, die in einer komplexen Welt wirken, sondern eher eine von Kampagnen und Symbolik getragene, interaktive Fiktion, die ganze Länder in das verwandelt, was sie zu sein glauben – nicht was sie sind.[110]

Das soll so gut sein, ist aber faktisch richtig schlecht. Und es kommt noch schlimmer. Wenn die Struktur »Wir gegen die anderen« noch radikaler ausgeformt wird, führt das zu konspirativen Narrativen, bei denen *die anderen*, die Elite, die uns Böses will, im Verborgenen operiert und alles im Geheimen lenkt.

5.8 Die Struktur von Verschwörungstheorien

Populistische Narrative können in konspirative kippen: Wenn die anderen Politiker und nicht zuletzt die Journalisten nicht für das Volk arbeiten, für wen dann? Eine fremde Macht, eine heimliche Elite, eine große Verschwörung? Verschwörungstheoretiker eint das Misstrauen gegen die Elite, den Parnass, der eventuell von den feindlichen *anderen* gelenkt sein könnte. Somit bekommen konspirative Geschichten und Theorien dieselbe grundlegende Wir-gegen-die-anderen-Struktur wie populistische Narrative, aber in noch höherem Grad. Das konspirative Treiben der *anderen* findet schließlich im Geheimen statt.

In noch stärkerem Maß findet sich hier der Hang zum Verständnis der Welt als schwarz-weiß, als Schlachtfeld für den epischen Kampf zwischen Gut und Böse, der nicht Eingeweihten allerdings verborgen bleibt. Eine konspirative Überzeugung lässt sich definieren als Überzeugung davon, dass eine aus Individuen oder Gruppen bestehende Organisation im Verborgenen handelt, um ein bestimmtes, oft bösartiges Ziel zu erreichen.

Verschwörungstheorien sind nicht zwangsläufig falsch. Der Watergate-Skandal ist ein Paradebeispiel. Auch andere mehr oder weniger finstere Missionen von Nachrichtendiensten, Korruptionsfälle, anrüchige politische Vereinbarungen und dergleichen kommen immer mal wieder ans Licht. Und vieles wird sicher erst gar nicht aufgedeckt.

Der kritische Blick dafür, dass trübe Dinge im Verborgenen geschehen, kann in eine paranoide Weltsicht abgleiten, die alles als *von denen* gelenkt erscheinen lässt. Hier herrschen optimale Bedingungen für motivierte Wahrnehmung und Faktenresistenz. Desinformation wird unkritisch einverleibt, solange sie nur Schuld in der gewünschten Ecke zuordnet. Eine umfassende Studie über den Informationskonsum von 2,3 Millionen Facebook-Nutzern hat nachgewiesen, dass Personen mit konspirativer Grundhaltung in stärkerem Maße fingierte Nachrichten und nicht belegte Behauptungen annehmen als der Durchschnitt (Mocanua et al., 2015). Schlägt Kritikbereitschaft in konspiratives Denken um, werden »alternative« Fakten für bare Münze genommen, wenn sie einfach nur von »alternativen« Quellen nach dem eigenen Geschmack kommen und in das entsprechende Weltbild passen. Das gilt nicht nur für die Rechte in den USA, obwohl dort immer noch das Umfeld mit den stärksten konspirativen Tendenzen zu finden ist. Mit der Wahl von Trump sind Teile der amerikanischen Linken in den Konspirations-Modus gewechselt und sehen überall russische Infiltration; nicht nur das Wahlergebnis soll als *allein* von russischer Einmischung verursacht erklärt werden. Auch für örtliche Proteste gegen Polizeigewalt in Ferguson wird Russland die Verantwortung zugeschoben (Abb. 38). Offenbar gehört zum Konspirationspaket die Tendenz, unbewiesene Behauptungen und falsche Geschichten in Kombination mit Misstrauen gegenüber den »Mainstream-Medien« unkritisch wiederzugeben und zu teilen.[111]

Abb. 38 Konspirative Paranoia auf der Linken als guter Nährboden für unbewiesene Behauptungen und fingierte Nachrichten über »Kremlgate«. Hier eine Anklage, wonach Russland hinter den Unruhen in Ferguson stehen soll.

Drei Prinzipien kennzeichnen Verschwörungsdenken (Barkun 2013). Zunächst gibt es nichts, was zufällig geschieht, denn immer steht auch ein böser Wille oder eine

Intention dahinter. Zum Zweiten müssen, was immer auch geschieht, die Nachrichten und Tatsachen, die ans Licht kommen, immer mit dem Rest zusammenhängen. Das Ganze geht in eine Erzählung ein, bei der alles abgestimmt ist, Sinn macht und sich in einer zusammenhängenden Auffassung von der Welt zusammenfügt. Allerdings verliert diese oft durch die simple Aufteilung von Gut und Böse jeden Bezug zur Wirklichkeit.

Passt *alles* in eine Theorie, bestehen gute Aussichten, dass sie selbst nicht passt.

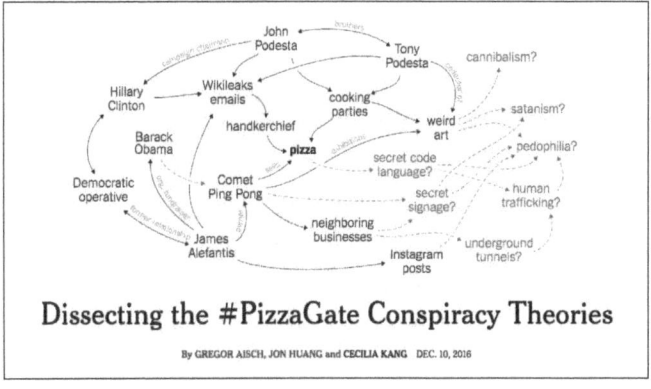

Dissecting the #PizzaGate Conspiracy Theories

By GREGOR AISCH, JON HUANG and CECILIA KANG   DEC. 10, 2016

Abb. 39 Die Konspirationstheorie #Pizzagate über angeblichen sexuellen Missbrauch von Kindern im Keller der Pizzeria Cornet Ping Pong in Washington DC, in Wirklichkeit kellerlos, brachte alles unter einen Hut – von Taschentüchern über Barack Obama, Hillary Clinton und »seltsame Kunst« bis zu Menschenschmuggel, Pädophilie, Satanismus und Kannibalismus.[112]

Abb. 40 Um ein Monster zu sehen, muss man nur
die Punkte verbinden. Das Bild wird sichtbar.

Wenn alles zusammenhängt und nichts zufällig geschieht,
finden sich dahinter verborgene Muster, die alles erklären
können. Die Aufgabe des Verschwörungstheoretikers besteht darin, die Punkte aus Tatsachen, Gerüchten, fingierten Nachrichten etc. durch Linien zu verbinden, die
das ganze niederträchtige Unterfangen entlarven.

Zum Dritten ist kein Element einer Verschwörungstheorie das, was es zu sein vorgibt. Die »offizielle Geschichte« stimmt sowieso nie. Hier gilt das Motto aus der
TV-Serie *Akte X*: »Traue niemandem!« Das erzeugt soli-
des Misstrauen gegenüber den üblicherweise anerkannten
Instanzen, die Wissen produzieren und Fakten überprüfen,
also den Mainstream-Medien oder Schul-, Forschungs-

und Wissenschaftseinrichtungen. Die normalen Informationskanäle sind vom Plot infiltriert und kontrolliert, wenn sie nicht sogar selbst aktiv mitmischen. So lässt sich jede Information, die Fragezeichen hinter die Verschwörungstheorie setzt, disqualifizieren als eingeschleust von denen, die konspirieren, und das gerade eben zum Zweck der Irreführung: Das ist motivierte Wahrnehmung auf Anabolika. Verschwörungstheorien von größerem Kaliber lassen sich einfach nicht widerlegen, weil jeder Widerlegungsversuch als Fallenstellerei *der anderen* verstanden wird.

Verschwörungstheorien sind umso schwerer zu diskreditieren, werden aber auch umso unrealistischer, je globaler und alles umfassender sie ausfallen. Die ganz harten Theorien über Fälle von Superkonspiration, bei denen *absolut alles* zusammenhängt und eine versteckte Weltelite alles kontrolliert, schreibt dem Menschen unrealistische Fähigkeiten für langfristige, geheime Pläne sowie deren Realisierung zu. Ein Teil der Theorien am bizarren Ende überschlägt sich auch mit verschiedenen Formen von Okkultismus, wobei diejenigen, die die Welt kontrollieren, gar keine Menschen sind, sondern Halbgötter, Reptilien, außerirdische oder andere übernatürliche Wesen. Es erfordert übernatürliche Kräfte, will man so viel auf einmal, so viele Mitverschworene kontrollieren und das Ganze auch noch geheim halten.

Zum mittelschweren Kaliber auf der Konspirationsskala gehört die Theorie, wonach die von Menschen geschaffenen Klimaveränderungen eine chinesische Bluffnummer zur Verschleierung des finsteren Planes sind, die Wettbewerbsfähigkeit der USA zu untergraben. Diese

Theorie, von Trump 2012 in die Welt gesetzt (Abb. 41), würde fast übernatürliche Kräfte mit unzähligen Mitverschworenen erfordern, darunter so gut wie weltweit alle Klimaforscher.

Abb. 41 Trumps Tweet von 2012, in dem er die von Menschen erzeugten Klimaveränderungen zu einem chinesischen Bluff erklärt, erfunden zur Zerstörung der Wettbewerbsfähigkeit der USA.

Die Argumentation, der sich Trump auch fünf Jahre später am 31. Mai 2017 bediente, als er für die USA das Pariser Klimaabkommen kündigte, ist auf derselben konspirativen Grundmelodie komponiert. Es besteht ein Misstrauen gegenüber finsteren Absichten *der anderen,* die US-Wirtschaft zu untergraben. Diese Absichten stehen im Gegensatz zur offiziellen Begründung, man wolle den Temperaturanstieg bekämpfen:[113]

This agreement is less about the climate and more about other countries gaining a financial advantage over the United States. The rest of the world applauded when we signed the Paris Agreement – they went wild; they were so

happy – for the simple reason that it put our country, the
United States of America, which we all love, at a very,
very big economic disadvantage. A cynic would say the
obvious reason for economic competitors and their wish
to see us remain in the agreement is so that we continue to
suffer this self-inflicted major economic wound.

Beim Pariser Klimaabkommen ging es offenbar gar nicht um das Klima. Das ist nur ein Deckmantel, eine trübe »offizielle Geschichte«, die finstere Intentionen zum Schaden der US-Wirtschaft verdecken soll; ein Plan, zu dem sich im gegebenen Fall die ganze Welt zusammengerottet haben müsste. Vielleicht mit Ausnahme von Syrien und Nicaragua, die dem Abkommen als einzige Staaten nicht beigetreten sind. Wäre es wirklich so, wäre die US-Raumfahrtorganisation NASA folgerichtig auch am Komplott beteiligt. Sie beschreibt die von Menschen erzeugten Klimaveränderungen als ein Faktum jenseits ernsthafter Zweifel: Die Evidenz ist zu überwältigend.[114] Aber andererseits: Stand die NASA nicht auch hinter der gefälschten Mondlandung in einem Filmstudio? Warum sollte man der vertrauen?

Das Misstrauen in die Wissensautoritäten kann sich derart tief eingraben und in einen so umfassenden Skeptizismus führen, dass sogar die runde Form der Erde nicht mehr als gegeben akzeptiert wird. Dies ist der Ausgangspunkt für eine erstarkende Bewegung namens Flat Earth Society, der Gesellschaft für die flache Erde. Sie argumentiert hartnäckig dafür, dass die Erde flach ist. Wenn die meisten Menschen irrtümlich glauben, sie sei rund, ist das die Konsequenz von Lügen und manipulierter Bildpropaganda des großen Schurken NASA. Im Übrigen hat die NASA auch sämtliche Astronauten bestochen, damit sie beim Betrug der Mondlandung mitmachen und die Öffentlichkeit belügen.[115]

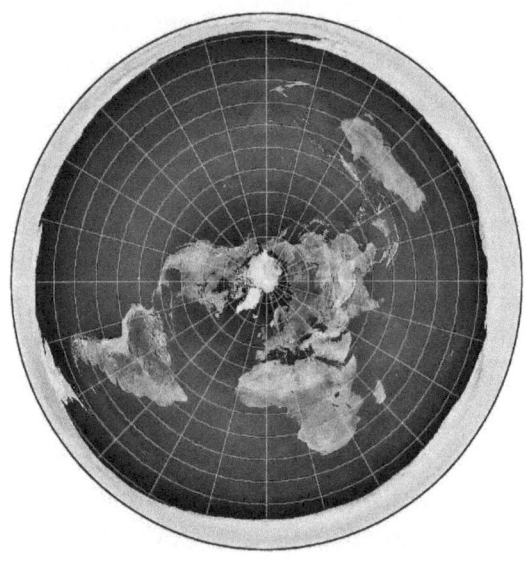

Abb. 42 Die Weltkarte der Flat Earth Society. Die Antarktis ist kein Pol auf dem Globus, sondern ein Ring mit einer hohen, unüberwindbaren Mauer. Sie umringt die flache Erdscheibe.

Bürger, Politiker, Forscher und Lehrer mit dem Glauben an die Erde als Kugel sind entweder in die Irre geführt oder selbst an der Irreführung der Öffentlichkeit beteiligt. Ist niemandem zu vertrauen, bleibt äußerst begrenzt, was man wissen kann. Hast du etwa *selbst* gesehen, dass die Erde rund ist? Nein, oder? Wie kannst du es dann im Grunde *wissen*? Werden Verdacht und Misstrauen so total und finden mehr Gehör als nur in kleinen Nischen, untergräbt das nicht nur Wissenschaft, Aufklärung und effektives politisches Handeln sowie die Lösung von Problemen. Es untergräbt auch die Demokratie selbst.

6 Die postfaktische Demokratie

6.1 Das Wort des Jahres 2016

Oxford Dictionaries hat »post-truth«, »postfaktisch«, zum Wort des Jahres 2016 erklärt. Es wird dort definiert als

... Umstände, bei denen objektive Fakten weniger Einfluss auf die öffentliche Meinungsbildung haben als Appelle an Gefühle und persönliche Vermutungen.[116]

Oxford Dictionaries begründete die Wahl damit, dass die früher periphere Anwendung von »post-truth« mit der britischen Volksabstimmung zum Brexit sowie bei der amerikanischen Präsidentschaftswahl explosiv zugenommen hat. »Post-truth« steht auch beim World Economic Forum auf der Tagesordnung. Nach der Einstufung von Falschinformation als globalem Risiko 2013 folgte vier Jahre später im Risiko-Report 2017 eine Warnung, dass »die postfaktische politische Debatte« Effektivität und Legitimität der Demokratie untergrabe.[117] Nach dieser Diagnose bedroht eine politische Kultur, in der Fakten weniger bedeuten als Gefühle und Haltungen, sowohl die Fähigkeit zur politisch effektiven Benennung wie zur Lösung gesellschaftlicher Probleme – darunter die großen globalen Herausforderungen, vor denen die Welt steht.

6.2 Postfaktische Demokratie

Der Begriff »postfaktische Demokratie« verweist auf dasselbe Phänomen wie die »postfaktische Politik«: den Trend, dass Fakten, gesammelt und verifiziert mittels verlässlicher Methoden, nur noch sekundäre Bedeutung in der Politik haben. Wie schon erwähnt:

Eine Demokratie befindet sich in einem postfaktischen Zustand, wenn politisch opportune, aber faktisch irreführende Narrative statt Fakten als Grundlage für die politische Debatte, Meinungsbildung und Gesetzgebung dienen.

Die »faktisch irreführenden Narrative« umfassen sowohl Lügen und Lügengeschichten wie falsche, fingierte oder verzerrte Nachrichten und populistische oder konspirative Wir-gegen-die-anderen-Erzählungen mit handverlesenen Fakten, sofern diese die Erzählungen im gewünschten Sinn stützen. Wenn Fakten nach Belieben entsprechend ihrem politischen Nutzen ausgewählt, durch »Alternativen« ersetzt oder einfach geleugnet werden, haben sie jede Autorität als Basis von Debatte und Meinungsbildung verloren. Dann sind Fakten zu *Mitteln* eines politischen Machtkampfs reduziert, bei dem sie je nach taktischen oder strategischen Bedürfnissen genutzt, ignoriert oder geleugnet werden.

Die Aussage »Manchmal können wir mit den Fakten uneins sein«, von Pressesprecher Sean Spicer im Weißen Haus bei der Debatte um die Menschenmenge und den Sonnenschein während der Amtseinsetzung (Kapitel 4) getätigt, illustriert treffend ein derart selektives Verhältnis zu Fakten. Es degradiert Sachverhalte zu politischen Instrumenten der Debatte, statt sie als deren Grundlage zu akzeptieren. Wenn selbst mittels zuverlässiger Methoden verifizierte Fakten politisiert und zu Plädoyers reduziert werden, verliert die politische Debatte ihren Fixpunkt in der faktischen Wirklichkeit. In Extremfällen wird selbst die Frage, ob die Sonne scheint oder nicht, zu einer politischen, deren Beantwortung vom politischen Standpunkt abhängt. In diesem Märchenland wird alles relativiert. George W. Bush sprach nach den Terrorangriffen vom 11. September 2001 die berühmt-berüchtigten Sätze, alle Länder müssten sich im Kampf gegen den Terrorismus für eine Seite entscheiden: »Entweder seid ihr für uns, oder ihr seid gegen uns.« Neutralität war ausgeschlossen. Dieses Prinzip gilt nun augenscheinlich auch für Fakten und die Institutionen, die Erstere in der postfaktischen Demokratie aufdecken: Alles ist politisch. Auf dem Kampfplatz werden alle Standpunkte als verdeckte politische Interessen aufgefasst oder dessen verdächtigt. Neutralität wird nicht anerkannt. Der Versuch, neutral zu bleiben, birgt das Risiko, als Kanonenfutter zu enden. Forschung und Journalismus werden politisiert sowie in Freunde und Feinde aufgeteilt. Fakten werden Teil des politischen Schlachtfeldes: Entweder bist du für uns, oder aber du bist gegen uns – und bist du gegen uns, bist du *Fake News*.

In der postfaktischen Demokratie lösen sich der Respekt vor der faktischen Wirklichkeit und deren Anerkennung im Eifer des Gefechts um die Macht auf. Die Wirklichkeit, oder genauer gesagt, das, was als wirklich gilt, wird von denen produziert und konstruiert, die über die Macht dazu verfügen.

Der Journalist Ron Suskind hat ein Gespräch aus dem Jahr 2002 mit einem von George W. Bushs Beratern wiedergegeben. Wie sich später zeigte, war es der neokonservative Karl Rove, der hier die Karten auf den Tisch legt und die postfaktische Real(itäts)politik beschreibt:

Der Berater sagte, Leute wie ich bewegten sich »in dem, was wir das realitätsbasierte Lager nennen«, das er dann definierte als solche, »die glauben, Lösungen erwachsen aus eurer wohlüberlegten Untersuchung der ersichtlichen Wirklichkeit«. Ich nickte und murmelte etwas von Prinzipien der Aufklärung und Empirismus. Er unterbrach mich: »So funktioniert die Welt nicht mehr«, und fuhr fort: »Wir sind jetzt ein Imperium, und wenn wir handeln, erzeugen wir unsere eigene Wirklichkeit. Während du noch dabei bist, die Wirklichkeit zu untersuchen – wohlüberlegt wie immer –, handeln wir schon wieder und erzeugen neue Wirklichkeiten, die du dann auch wieder untersuchen kannst. So wird es weitergehen. Wir sind die Akteure der Geschichte ... und ihr alle zusammen müsst euch damit begnügen zu untersuchen, was wir tun.«[118]

Diese Sicht einer Gemengelage, in der Fakten von konstruierter Realität ersetzt werden, die »das Imperium« durch eigene Handlungen und Narrative erzeugt, gehört schon zu den extremen Zuspitzungen. Die postfaktische Demokratie ist aber auch eine extreme Situation. Man kann nicht behaupten, die ganze Welt sei in jüngster Zeit hier gelandet. Gleichwohl weisen Tendenzen und Phänomene wie die amerikanische Präsidentschaftswahl und die Brexit-Abstimmung in genau diese Richtung.

Die Einschätzung, ob eine Demokratie postfaktisch ist, lässt sich nicht in Schwarz-Weiß ermitteln. Es wäre zu simpel, dies als eine Frage zu sehen, ob man *entweder* in einem postfaktischen Zustand in Reinkultur steckt, bei dem alles Wissen aufgelöst ist in Haltungen und Machtkämpfen, *oder* in einer rein faktischen Demokratie. Die postfaktische Demokratie ist ein Punkt am Ende einer graduierten Skala, die rein faktische Demokratie das entgegengesetzte Ende.

6.3 Wegmarkierungen

Stuft man die Demokratie an einem bestimmten Punkt entweder als faktisch oder postfaktisch ein, riskiert man, den Blick für differenzierte gesellschaftliche Tendenzen zu verlieren, die in mehrere Richtungen weisen und das Bild nuancierter machen als ein simples Entweder-oder. Trotzdem brauchen wir eine Landkarte mit einigen Wegmarkierungen, um in einer veränderlichen, chaotischen Wirklichkeit navigieren zu können und gegenwärtig auftretende Tendenzen und Phänomene zu verstehen. Damit lässt sich ein Grundverständnis von einer komplexen Umwelt zur weiteren Erforschung der politischen Landschaft schaffen. Begriffe um die faktische und postfaktische Demokratie sind solche Wegmarkierungen. Sie sind idealtypisch. Der Soziologe Max Weber (1864–1920) hat Idealtypen als begriffliche Werkzeuge zum Vergleich verschiedener einzelner Phänomene eingeführt. Sie geben eine Richtung für weitere empirische Untersuchungen an (Coser, 1977). Idealtypen sind methodologische Werkzeuge, um die Welt zu *analysieren*, nicht aber, um sie im Detail zu *beschreiben*:

In seiner rein begrifflichen Form kann dieses Gedankenbild [der Idealtyp] nirgendwo in der Wirklichkeit empirisch gefunden werden. Es ist eine Utopie.[119]

Idealtypen, darunter auch die Begriffe faktische und postfaktische Demokratie, sind keine realistischen Beschreibungen der politischen Wirklichkeit, sondern Maßstäbe. Sie können bei der Beleuchtung von Tendenzen und Entwicklungen des Mischproduktes, aus dem die gesellschaftliche Realität besteht, helfen. In normativem Sinn sind beide hier präsentierten Idealtypen allerdings eher *dystopisch* als utopisch. Weder die faktische noch die postfaktische Demokratie sind erstrebenswert. Beide Extreme untergraben letzten Endes die Demokratie. Eine gesunde Demokratie hingegen gründet sich auf einer Arbeitsteilung zwischen der Aufdeckung von Fakten – als Aufgabe für Journalisten, juristische Instanzen und Wissenschaftler – und der demokratischen Erörterung, die Werte und Visionen für das gute Leben sowie die gute Gesellschaft beinhaltet und zwischen Bürgern und Politikern geführt wird. Sowohl in der rein faktischen wie der postfaktischen Demokratie ist genau diese Arbeitsteilung aufgelöst.

6.4 Arbeitsteilung als Ideal

Es gibt verschiedene politische Haltungen gegenüber Fakten. Haltungen dazu, ob sie gerechtfertigt sind, geändert werden sollten, in welche Richtung und wie. Aber Fragen, inwieweit es Fakten *sind,* sind keine politischen. Sie müssen wissenschaftlich, juristisch oder journalistisch geklärt werden. Wenn faktische Fragen zu politischen gemacht werden, ist ja eben die Arbeitsteilung zusammengebrochen. Deren Aufrechterhaltung setzt ein gewisses Maß an Respekt für die Institutionen und Methoden voraus, die zuverlässig faktisches Wissen liefern. Dazu gehört auch, dass Forscher und ihre Forschungsergebnisse nicht in Misskredit gebracht werden, wenn sie politischen Interessen oder Tagesordnungen zuwiderlaufen. Die Arbeitsteilung ist allerdings keine absolute; es gibt keine wasserdichten Schotten zwischen dem Wissen darüber, wie die Welt und die Gesellschaft *sind,* und der politischen Erörterung, wie sie sein *sollten.* Sowohl der Wissenschaft wie dem Journalismus stehen nur begrenzte Mengen Aufmerksamkeit zur Verfügung. Auch ergeben sich zwangsläufig implizite Werturteile darüber, was wichtig ist, allein schon durch die Entscheidung, wo man sich kundig macht oder forscht. Denn diese Wahl ist zugleich eine Abwahl von anderem, was nicht beschnuppert oder erforscht wird. Wertneutralität, *positive Wissenschaft* in Reinkultur (Friedman, 1953) und journalistische Objektivität sind Ideale, die sich anstreben lassen, aber nie vollständig einzulösen sind. Das erfordert Reflexion und Offenheit dazu, welche Werte implizit in wissenschaftlichen Methoden, Theorien und Erkenntniszielen enthalten sind.

Dass Forscher die Experten sind, wenn es um Fakten geht, bedeutet wiederum nicht, dass Forscher bedingungslos und immer recht haben. Auch in der Forschung werden Fehler gemacht, auch Forschungsmethoden können den Bezug zur Wirklichkeit verlieren. Als Beispiel sei die Wirtschaftswissenschaft genannt. Seit der Finanzkrise ist die Stimme von Forschern und Studenten, die das hegemonische Paradigma in der Wirtschaftswissenschaft kritisieren, lauter geworden. Nobelpreisträger Paul Krugman zufolge hat die Wirtschaftswissenschaft den Bezug zur Wirklichkeit verloren. Statt mit dem wirklichen Markt operiert sie mit einem optimalen finanziellen und verwechselt die Wahrheit mit mathematischer Schönheit.[120] Aufgrund dieser Tatsache fordern die kritischen Stimmen Reformen von ökonomischen Theorien, von Methoden und des Studiums.[121] Hierbei muss man zwischen wohlbegründeter wissenschaftsinterner Kritik und der Ablehnung von Fachkenntnissen unterscheiden. Letzteres beruht auf Misstrauen gegenüber Forschung und Experten, was sich in konspirative Richtung bewegen kann, wie es mit der Klimaforschung der Fall ist. Die Fehlbarkeit von Wissenschaft erfordert Demut, Offenheit und Empfänglichkeit innerhalb der Forschungsgemeinschaft. Die Fehlbarkeit bedeutet jedoch auf keinen Fall, dass das Ideal der Arbeitsteilung nicht länger gültig ist.

Schreibt man nun das Ideal der Arbeitsteilung ganz ab, ergibt sich daraus ein postfaktischer Kampfplatz, auf dem alles fließt und die Wahrheit das erste Opfer ist. Deshalb sollte das Ideal bewahrt und gegen Kräfte in Politik, der Medienwelt und Zivilgesellschaft verteidigt werden, die alles zu politisieren versuchen – auch die Fakten.

Gleichzeitig erfordert das Ideal von der Arbeitsteilung, dass Wissenschaftler, Experten und Politiker nicht umgekehrt politische Fragen zu ausschließlich wissenschaftlichen oder technischen – faktischen – Fragen machen. Werden politische zu faktischen Fragen verkleinert, geht die Bewegung hin zum anderen Ende der Skala, an dem die Arbeitsteilung auch wieder aufgehoben ist. In der völlig faktischen Demokratie gibt es keine politischen Fragen und keinen Platz für verschiedene – aber nach wie vor legitime – Haltungen. Alle Fragen werden als solche von Fakten gesehen, auf die wissenschaftliche Experten die Antwort geben können und sollen. Mit anderen Worten: Die faktische Demokratie ist nicht sonderlich demokratisch. Sie ist eine Technokratie.

6.5 Faktische Demokratie: Technokratie

Dem Aufklärungsphilosophen Francis Bacon reichte es nicht, dass Wissen an sich eine Macht ist und den Menschen in die Lage versetzt, die Natur zu beherrschen. Wer Wissen besitzt, solle auch die politische Macht haben. Bacons politische Utopie wird in *Neu-Atlantis*[122] von 1627 beschrieben, wo er begeistert vom fiktiven Land Bensalam erzählt. Zwar wird in der Geschichte ein König erwähnt, aber in Wirklichkeit führt ein Rat von Wissenschaftlern das Land: »die Väter« in Salomons Haus. Bacons Traumgesellschaft wird von Wissenschaftlern sowie Experten gesteuert, echte politische Prozesse (Burris 1993) gibt es nicht. Bacon träumte von einer Technokratie.

In einer Technokratie sind alle Fragen faktischer Natur. Wenn selbst normative Wertfragen dazu, wie die Gesellschaft eingerichtet werden *sollte,* als faktische Fragen behandelt werden, über deren Wahrheitswert Wissenschaft und Experten entscheiden können und sollen, gibt es nichts mehr demokratisch zu erörtern oder mittels politischer Haltung zu klären. Es bleibt nur, sich nach den Vorschriften der Experten zu richten. Ansonsten wäre man nicht einfach *uneins,* sondern würde *irren.*

Technokratische Tendenzen gibt es in der EU. Sie zeigten sich etwa bei der vor allem von Deutschland durchgesetzten harten Sparpolitik als Mittel gegen die Schuldenkrise in besonders bedrängten Ländern wie Italien und Griechenland. In diesen Ländern wurden technokratische Regierungen eingesetzt, um den »notwendigen« Rotstift anzusetzen. Wenn politische Entscheidungen über die Einrichtung der Gesellschaft zu technischen Vorschriften wegen der Zugehörigkeit zum Euro-Raum umgewandelt und von politischer Erörterung ausgeklammert werden, untergräbt das die Demokratie. Das gilt umso mehr, wenn die Realisierung der Politik erhebliche wirtschaftliche und soziale Konsequenzen für betroffene Gruppen am unteren Ende der Einkommensskala hat.

Technokraten können kompetent zum Ausdruck brin-
gen, wie viel [wirtschaftlichen] Schmerz ein Land erdul-
den muss, wie das Schuldenniveau nachhaltig gestaltet
werden kann, oder wie sich eine Finanzkrise lösen lässt.
Aber sie sind weniger kompetent beim Herausfinden, wie
der Schmerz verteilt werden soll; inwieweit Steuern ange-
hoben oder Ausgaben für die eine oder doch eher eine an-
dere Gruppe gekürzt werden, und welche Auswirkungen
diese Politik auf die Einkommensverteilung hat. Das sind
politische Fragen, keine technokratischen.[123]

Wenn Technokraten über politische Fragen entscheiden sowie politische Beschlüsse fassen und die Sparpolitik sowieso schon gefährdete Gruppen hart trifft,
schafft das Nährboden für die Abweisung und Politisierung von Expertenwissen auf breiter Front. »Dieses
Land hat die Nase voll von Experten«, formulierte der
Leave-Fürsprecher Michael Grove vor der Brexit-Abstimmung das Misstrauen schlagwortartig. Postfaktische Tendenzen und Symptome können teilweise aus
Zorn erwachsen, der nicht unbegründet sein muss. Es ist
Zorn über den jahrelangen Trend zu einer etwas *zu* faktisch, technokratisch geführten Politik ohne Blick für
die von ihr ausgelösten Schmerzen und deren Anerkennung. Jürgen Habermas hat zu dem Problem 2013 formuliert, die EU sei eingeklemmt »einerseits zwischen
den notwendigen wirtschaftspolitischen Linien zur Er-
haltung des Euro und auf der anderen Seite den politischen Schritten zu einer engeren Integration. Das bedeutet, dass notwendige Schritte Widerwillen hervorrufen

und mit spontanem Widerstand aus dem Volk beantwortet werden.«[124]

Auch wenn postfaktisch »nach« faktisch kommt, bedeutet das nicht, dass das Faktische etwas ist, wohin man sich nostalgisch zurücksehnen sollte: Die faktische Demokratie ist keine vergangene demokratische Glanzzeit und das Aufzeigen postfaktischer Tendenzen keine Verfallsgeschichte einer Demokratie. Aber beißen sich postfaktische Symptome und Zustände fest und etablieren sich permanent, resultiert daraus der Verfall der Demokratie, in der Machthaber, genau wie in der voll ausgewachsenen Technokratie, nicht zur Rechenschaft gezogen werden. Noch nicht mal, wenn sie bei einer glatten Lüge ertappt werden.

6.6 Lug und Trug

Dass Politiker die Wahrheit verdrehen oder verstecken, schauspielern, die Öffentlichkeit betrügen, bullshitten und lügen, ist nichts Neues. Es handelt sich um zeitlos feste Bestandteile des politischen Spiels. Ein goldenes Zeitalter mit ausschließlich ehrlichen, authentischen, immer der Wahrheit verpflichteten Politikern hat es nie gegeben. Aber Politiker wollen normalerweise um alles in der Welt vermeiden, dass man sie bei Betrug oder glatten Lügen erwischt. Der Vater der modernen politischen Theorie, Niccolo Machiavelli (1469–1527), hatte keine rosaroten Illusionen über Politik und das brutale, schmutzige Spiel um die Macht. Bei nackter Machtpolitik sind alle Tricks erlaubt. Der Fürst muss sowohl als Löwe wie als Fuchs agieren können. Er muss rohe Macht, Brutalität und Stärke wie der Löwe zeigen können, aber auch schlau sein wie der Fuchs, um Fallen auszuweichen. Das erfordert die Fähigkeit zum Betrügen. Beide Eigenschaften sind notwendige Mittel zur Erlangung und Verteidigung der Macht (Machiavelli 1961: 56). Aber entscheidend ist, dass man nicht entlarvt wird. Die eigenen Lügen müssen wahr klingen. Der Fürst muss deshalb seine Fähigkeit zu Schauspiel, Betrug und Heuchelei trainieren, damit er eben zum eigenen Vorteil lügen kann, ohne erwischt zu werden. Hierfür weist Machiavelli einen politisch ehrgeizigen Diplomaten brieflich ein:

… ist es mitunter nötig, Tatsachen mit Worten zu verbergen, muss das auf eine Weise geschehen, dass dies nicht hervortritt. Wenn es aber entdeckt wird, soll eine Verteidigung prompt bereitstehen.[125]

Das ist für den Normalfall ein richtig guter Rat. Traditionell kam es Politiker für ihre Karriere teuer zu stehen, hat zumindest *etwas* gekostet oder den Rücktritt bedeutet, wenn sie mit einer Unwahrheit oder Lüge erwischt wurden. Aber die Aufdeckung einer Unwahrheit verursacht keinen großen Schaden, wenn die eigenen Wähler die aufdeckenden Medien oder Faktenprüfer weder sehen noch lesen und ihnen sowieso nicht glauben. Das gilt auch, wenn ausreichend starke Loyalität der eigenen Wählerbasis gesichert ist und die Polarisierung tief genug sitzt, sodass die Medien einfach als *der Feind* gesehen werden, dem gegenüber deshalb Lügen, auch das Blaue

vom Himmel, gerechtfertigt ist. Oder wenn Nachrichtenmedien zu Fake News erklärt werden, sobald deren Berichterstattung einem nicht passt, und die eigene Wählerschaft derart wenig Vertrauen in die Presse hat, dass sie
diese Bemäntelung annimmt.

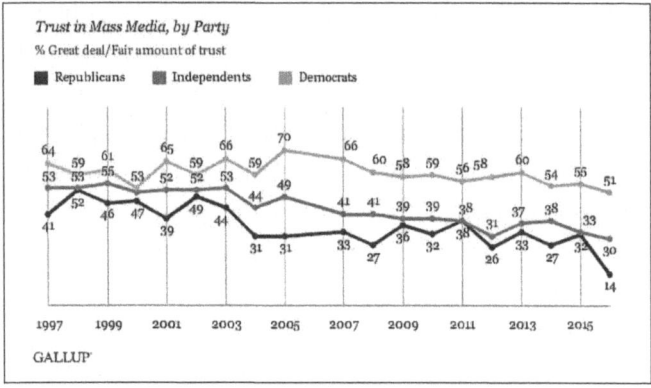

Abb. 43 Vertrauen/Misstrauen der US-Amerikaner gegenüber den Massenmedien
nach Parteizugehörigkeit.[126]

Fakten werden sekundär für den politischen Prozess,
wenn genug Bürger kein Vertrauen darin haben, dass es
sich tatsächlich um *Fakten* handelt, die berichtet werden.
Ist das Misstrauen auf ein entsprechend hohes Niveau
gewachsen, führt das zu einem Skeptizismus, der die Bewertung der Machthaber auf einer faktischen Grundlage
untergräbt. Das gilt auch für die Fähigkeit, sie anschließend zur Verantwortung zu ziehen: *Wenn sowieso alles
Lüge ist, ist der eine Lügner nicht schlimmer als der andere – besser also mein Lügner als deiner ...* Misstrauen
von diesem Kaliber untergräbt die Demokratie.

6.7 Du bist entlassen

In einer Demokratie bestimmt das Volk. Dies liegt im Begriff selbst. Zu den unerlässlichen Voraussetzungen für Demokratie gehört, dass die Repräsentanten der Bevölkerung, also die Machthaber, der Bevölkerung auch Rechenschaft ablegen. Können die Bürger Politiker nicht mindestens zur Rechenschaft ziehen und sie gegebenenfalls auch »entlassen«, sitzen die Bürger nicht am Ruder, und es kann keine Rede von Demokratie sein. Für ein minimalistisches Demokratiemodell lassen sich die politischen Präferenzen der Bevölkerung als *Input* und die durchgeführte Politik sowie Gesetzgebung als *Output* des demokratischen Systems ansehen.

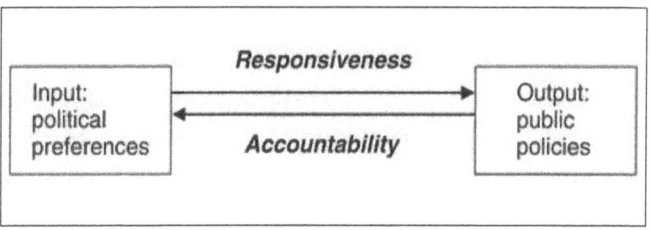

Abb. 44 Ein minimalistisches Modell der repräsentativen Demokratie.
Quelle: Kriesi et. al. (2013)

Regieren die Politiker nicht in Übereinstimmung mit den politischen Präferenzen der Bevölkerung und respondieren darauf (»responsiveness«) nicht mit der von ihnen geführten Politik, sind sie schlechte Repräsentanten für die Bevölkerung. Aber in diesem Fall können sie zur Rechenschaft gezogen (»accountability«) und möglicherweise von den Wählern ausgetauscht werden. Der Wahltag ist der Tag der Abrechnung.

Neben der Möglichkeit für die Bevölkerung, die Machthaber am Wahltag zur Rechenschaft zu ziehen, gibt es quer durch die Instanzen der Macht während der laufenden Wahlperioden eine institutionalisierte Buchführung mit den Machthabern. Die dänische Erfindung des Ombudsmannes, auch als Export erfolgreich, wurde als so eine Institution in die Welt gesetzt, um über das Agieren von Politikern im Hinblick auf gute und gesetzestreue Verwaltungspraxis (Kriesi et al., 2013) Buch zu führen. Die Kontrollmechanismen variieren von Land zu Land und Demokratie zu Demokratie. Die USA haben das Prinzip der Dreiteilung der Macht in Gesetzgebung, Exekutive und Rechtsprechung in ein institutionalisiertes System von *checks and balances* gegossen. Die Gerichte als rechtsprechende Macht können einschreiten und Gesetze sowie Anordnungen aufheben, wenn diese als verfassungswidrig eingestuft werden. Bei Trumps Einreiseverbot war das der Fall. In Dänemark hat es so etwas nur ein einziges Mal gegeben, als das Oberste Gericht das »Tvindgesetz« 1999 als verfassungswidrig aufhob.[127] Darüber hinaus kann die gesetzgebende Macht – der Kongress in den USA oder das Folketing in Dänemark – für die Einleitung eines Sondergerichtsverfahrens gegen Regierungsmitglieder stimmen, wenn der Verdacht besteht, dass Minister oder auch der Präsident etwas Gesetzwidriges getan oder eigene Machtbefugnisse überschritten haben. Allerdings ist es von der politischen Mehrheit im Folketing oder im Kongress abhängig, ob Minister oder ein Präsident auf diese Weise juristisch zur Verantwortung gezogen werden können. Sowohl in den USA wie in Dänemark gilt, dass Gesetzesbrüche, auch wenn sie aufgedeckt sind, trotzdem ohne Konsequenzen bleiben, wenn es in der gesetzgebenden Versammlung keine Mehrheit dafür gibt, die exekutive Macht zur Verantwortung zu ziehen. *Checks and balances* funktioniert nur, wenn die politische Mehrheit loyaler gegenüber Gesetz und Verfassung ist als gegenüber der Partei, dem Minister, der Regierung oder dem Präsidenten. Ist das nicht der Fall, können die Wähler am Wahltag abrechnen und dafür sorgen, dass eine neue Mehrheit das Ruder übernimmt. Dass aber die Machthaber tatsächlich zur Rechenschaft gezogen werden für das, was sie getan haben, nicht getan haben oder zu tun versprechen, hängt davon ab,

- dass Information darüber, was sie faktisch getan oder unterlassen haben, in ausreichendem Maß zur Information der Wähler in Umlauf gebracht wird,
- dass die Wähler ausreichend Vertrauen zu den Medien haben und haben können, die Information liefern, und
- dass die Wähler dementsprechend am Wahltag handeln.

Andernfalls stehen die Politiker in Wirklichkeit nicht für ihr Handeln gerade und können vielleicht sogar ihrer Entlassung wegen Untauglichkeit und Machtmissbrauch entgehen. Denkbar ist das beispielsweise, wenn die

Öffentlichkeit oder große Teile von ihr desinformiert oder so polarisiert sind, dass das Wir-gegen-die-anderen-Denken auch noch die gröbsten Lügen und Enthüllungsskandale aussticht.

Werden die demokratischen Institutionen untergraben, die ermöglichen, dass die Machthaber auf faktischer und sachlicher Basis zur Rechenschaft gezogen werden können, also Medien, Parlament und Gerichte, wird die Demokratie selbst untergraben. Das Untergraben der Legitimität von Medien und Gerichten bedeutet das Untergraben des Vertrauens in die Kontrollmechanismen, die geschaffen worden sind, um den Übergang der Demokratie zu einer autoritären Herrschaft zu verhindern. Versucht man, die Wachhunde und Buchhalter zu feuern, um nicht selbst am Ende von der Bevölkerung gefeuert zu werden, ist das gleichbedeutend mit der Aufkündigung des grundlegenden Demokratievertrags.

6.8 Alarmsignale

Am 26. Mai 2017 schickte Präsident Trump eine Mail direkt an seine Unterstützer und andere aus der Wählerschaft, die sich auf der Mailingliste eingetragen hatten. Das Thema war »Stop the FAKE NEWS«.

Dato: 26. maj 2017 8.09 PM
Emne: Stop the FAKE NEWS
Til: "carolinehsaabye@gmail.com" <carolinehsaabye@gmail.com>
Cc:

Friend,

I've said it before and I will say it again: *the Fake News Media is the real opposition*.

It's a 24/7 barrage of hit jobs, fake stories, and absolute hatred for everything we stand for as a movement.

And the same talking heads that said Hillary Clinton had a 99% chance of winning the election now think they can speak on behalf of the American people. It's time to once again release our Mainstream Media Accountability Survey to show the that the American people are fed up with the Fake News Machine.

<u>I need you to take the MEDIA ACCOUNTABILITY SURVEY to do your part to fight back against the fake news attacks and deceptions.</u>

They don't care about the truth. They don't care about what's right. They only care about propping up the liberal Democrats they worship.

There is nothing they won't do to stop us.

This is a fight we can't afford to lose. The future of America hangs in the balance. Our country is at stake.

<u>Please take the Mainstream Media Accountability Survey to do your part to fight back against the media's attacks and deceptions.</u>

Abb. 45 Mail vom Team um Donald Trump vom 26.5.2017 an Unterstützer und die Wählerbasis.

Hier übersetzt:

Freund,

Ich habe es schon mal gesagt und werde es wieder sagen: **Die Fake-News-Medien sind die wirkliche Opposition.**

Es gibt rund um die Uhr ein Sperrfeuer von gezielten Schmutzkampagnen, falschen Geschichten und absolutem Hass gegenüber allem, wofür wir als Bewegung stehen.

Und dieselben TV-Kommentatoren, die sagten, dass Hillary Clinton eine 99%-ige Chance auf den Wahlsieg hatte, glauben jetzt, dass sie im Namen des amerikanischen Volkes sprechen können. Es ist an der Zeit, noch einmal unseren MAINSTREAM MEDIA ACCOUNTABILITY SURVEY (Überblick zur Rechenschaftspflicht der Mainstreammedien) aufzulegen, um zu zeigen, dass das amerikanische Volk die Nase voll hat von der Fake-News-Maschine.

<u>Ich brauche von dir den ausgefüllten MEDIA ACCOUNTABILITY SURVEY als deinen Beitrag zum Zurückschlagen beim Kampf gegen die Angriffe und Betrügereien der Fake News.</u>

Die Wahrheit ist ihnen egal. Was richtig ist, ist ihnen egal. Es geht ihnen allein darum, den liberalen Demokraten, die sie anbeten, die Macht zu verschaffen.

Es gibt nichts, was sie nicht tun würden, um uns zu stoppen.

Wir können es uns nicht leisten, diesen Kampf
zu verlieren. Die Zukunft Amerikas steht und fällt
damit. Unser Land steht auf dem Spiel.

Füll bitte den Mainstream Media Accountability
Survey aus und leiste deinen Beitrag zum Zurück-
schlagen beim Kampf gegen die Fake News Angriffe
und Betrügereien. [Link]

Danke,

Donald J. Trump
Präsident der USA

Es ist schon unter demokratischen Gesichtspunkten
höchst verwerflich, wenn Politiker jene Medien, deren
Aufgabe die Einforderung von Rechenschaft von den Politikern im Namen der Öffentlichkeit ist, als hasserfüllte
Feinde bezeichnen, um die Medien dann von den eigenen
Anhängern zur Rechenschaft ziehen zu wollen. Und
wenn die Anhänger dann auch noch als *Bewegung* bezeichnet werden, als Zentrum eines existenziellen, epischen Kampfes um die Zukunft samt dem Überleben der
USA, wobei die Presse wohlgemerkt als Feind auf der anderen Seite steht, nimmt die Rhetorik langsam Züge
totalitärer Propagandamethoden an.
   Als die Welt Bekanntschaft mit dem Begriff »alternative Fakten« gemacht hatte, stieg unmittelbar danach der
Verkauf von zwei älteren Buchklassikern so explosiv an,
dass der eine schnell ausverkauft und der andere auf den

ersten Platz der Bestsellerliste bei Amazon geklettert war: *Elemente und Ursprünge totaler Herrschaft* (1951) von der politischen Theoretikerin Hannah Arendt und der Roman *1984* von George Orwell (1949).[128]

Arendt zufolge funktioniert totalitäre Propaganda, indem sie simple und zusammenhängende identitätsstiftende Wir-gegen-die-anderen-Narrative liefert. Solche Narrative platzieren den ansonsten überflüssig gemachten und entfremdeten Anhänger der totalitären Bewegung in eine existenziell Sinn erzeugende, aber fiktive, »alternative« Pseudowirklichkeit. Totalitäre Propaganda nutzt Misstrauen, Polarisierung und konspiratives Denken als Waffen im Kampf um die Macht:

[Die Propaganda der totalitären Bewegung] versucht immer, einen geheimen Sinn in alle öffentlichen Ereignisse einzubringen und hegt den Verdacht, dass eine versteckte Absicht hinter allen öffentlichen politischen Handlungen steckt. Wenn die Bewegung die Macht erobert hat, macht sie weiter mit der Veränderung der Wirklichkeit in Übereinstimmung mit ihren ideologischen Behauptungen. Der Begriff Feindlichkeit wird mit dem Begriff Konspiration ausgewechselt ...[129]

Narrativer Zusammenhang, ein Gefühl von Sinn und Zweck des Daseins, ein Zugehörigkeitsgefühl zu einer Gruppe und eine Rolle beim Kampf zwischen Gut und Böse können uns in krassen Fällen auch zur Leugnung selbst dessen bringen, was unsere Sinne uns erzählen. Arendt zufolge dient die Propaganda genau diesem Zweck: Sie soll »den Gedanken frei machen von der Erfahrung

und der Wirklichkeit«.[130] Genau *die Befreiung des Ge-*
dankens von der Wirklichkeit ist ein essenzieller Bestandteil totalitärer Bewegungen:

Der ideale Untertan für eine totalitäre Führung ist
nicht der überzeugte Nazi oder der überzeugte Kommu-
nist, sondern es sind Leute, für die Distinktion zwischen
Fakten und Fiktion (mit anderen Worten die Realität der
Erfahrung) und die Distinktion zwischen wahr und falsch
(mit anderen Worten die Standards des Denkens) nicht
länger existieren.[131]

Wenn offensichtliche Unwahrheiten und entlarvte Lügen eines politischen Lenkers nichts für die Anhänger
einer politischen Bewegung bedeuten – oder sogar noch
positiv als Lügen gegen *die anderen*, gegen *den Feind* gesehen werden –, sollten Alarmsignale aufblinken. Unabhängig davon, wer der Lenker ist, wer als Feind ausge-
macht wird und wofür die Bewegung sonst steht.

In George Orwells literarischer Dystopie *1984* hat der
Totalitarismus gesiegt. Hier haben die Fakten *jede* Autorität verloren, und es gibt nur eine Autorität zur Definition von Wirklichkeit: Die Partei.

Die Partei trug dir auf, das Zeugnis deiner Augen und
Ohren abzuweisen. Das war ihre letzte und wichtigste
Anweisung.[132]

Dieser Anweisung darf nicht gefolgt werden. Egal von
wem sie kommt. Sonst verlieren wir. Sonst verliert die
Demokratie. Sonst verliert die Wirklichkeit.

Dank

Das CIBS (Center for Information and Bubble Studies) an der Universität Kopenhagen und unser Team bedanken sich bei Mikkel Birkegaard, Thomas Bolander, David Budtz Pedersen, Benjamin Rud Elberth, Robin Engelhardt, Paolo Galeazzi, Kathrine Elmose Jørgensen, Hanna van Lee, Laurs Leth, Silas L. Marker, Esther Kjeldahl Michelsen, unserer sehr geschätzten Sekretärin Maj Riis Poulsen, Jan Lundorff Rasmussen, Rasmus K. Rendsvig, Joachim Wiewiura, Mikkel Vinther, Christiern Santos Rasmussen, Michael Hansen, Anders Rahbek, Peter Norman Sørensen, Frederik Stjernfeldt sowie Adam Brandenburger (NYU), Richard Bradley (LSE), Robert Becker (IU Bloomington) und Nina Smith (AU) vom CIBS Scientific Oversight Committee.

Wir danken der Carlsbergstiftung, insbesondere dem Vorsitzenden Flemming Besenbacher, für deren Zuversicht an die Blasenstudien. Die großzügige finanzielle Unterstützung der Carlsbergstiftung zusammen mit der humanistischen Fakultät der Universität Kopenhagen hat die Etablierung des CIBS ermöglicht. Außerdem danken wir der Tryg-Stiftung für die Unterstützung bei der Realisierung und Ausführung des Projektes D.U.D.E., welches auf digitale (Aus)bildung ausgerichtet ist. D.U.D.E. sichert unsere fortlaufende digitale (Aus)bildung und hoffentlich auch die anderer, was beim Produzieren dieses Buches deutlich wurde.

Vincent bedankt sich bei Thomas Buch-Andersen, Adam Holm, Bjarke Malmstrøm Jensen, Poul Madsen, Lise Nørgaard, Annette Møller, Teit Molter, Søren Pind, Frederik Preisler, Simon Vesth – und bei seiner Familie.

Mads bedankt sich bei Caroline Hjorth Saabye. Sie hat ihm das Leben während der Arbeit am Buch angenehm gemacht. Außerdem dankt Mads seinen Eltern Uffe Vestergaard und Sanne Andersen und seinen Geschwistern Martin Vestergaard, Magnus Vestergaard und Sofie Vestergaard, Lis Vestergaard sowie Thomas Vass und Thilo Traber. Einen besonderen Dank an Frank Lindvig. Seine Gedanken manifestieren sich im fünften Kapitel.

Abschließend danken wir unserem Übersetzer Thomas Borchert, unserer Textbearbeiterin vor Ort am CIBS Daniela Weiss, unserer Agentin in Berlin Hanna Leitgeb, sowie unserem Lektor Moritz Volk vom Blessing Verlag für seinen bewanderten und effektiven Einsatz.

Vincent F. Hendricks
Mads Vestergaard

Kopenhagen, Dezember 2017

Literaturhinweise

Arendt, H. (1951), *The Origins of Totalitarianism*. New York: Harcourt Brace & Company.

Barkun, M. (Hrsg.), (2013). *A Culture of Conspiracy*. Berkeley: University of California Press.

Barnes, J., (1994), *A pack of lies: Towards a sociology of lying*. Cambridge: Cambridge University Press.

Baudrillard, J. (1994), *Simulacra and Simulations*. Ann Arbor: University of Michigan Press.

Berger, J. u. Milkman, K. L. (2012), »What makes online content go viral?«, *Journal of Marketing Research*, vol. 49(2): 192205.

Bibelen (1992), Det Danske Bibelselskab, Kopenhagen.

Broersma, M. u. Graham, T. (2013), »Twitter as a New Source«, *Journalism Practice*, 7(4): 446–464.

Brunnermeier, M., u. Schnabel, I. (2017), »Bubbles and Central Banks: Historical Perspectives«, in Bordo, M. (red.): *Central Banks at a Crossroads: What Can We Learn from History?*, Cambridge: Cambridge University Press 2017, S. 493–562.

Bryan, D., Lovett J., u. Baumgartner, F. (2014), »The Diversity of Internet Media: Utopia or Dystopia?« In: *Midwest political science association*, Chicago, April 3–6.

Burris, B. (1993), *Technocracy at Work*. NewYork: SUNY Press.

Campbell, W. J. (2016), *Getting It Wrong: Debunking the Grea-*

test Myths in American Journalism. Berkeley: University of California Press.

Colombo, A. u. Magri, P. (Hrsg.) (2017), *The Age of Uncertainty*. Milano: ISPI.

Coser, L. A. (1977), *Masters of Sociological Thought: Ideas in Historical and Social Context*. NewYork: Harcourt Brace Jovanovich.

Dahlgren, P., u. Alvares, C. (2016), »Populism, extremism and media: Mapping an uncertain terrain«, *European Journal of Communication* Vol. 31. (1): 46–57.

Dearing, J. W., u. Rogers, E. (1996), *Agenda-Setting*. Sage Publications Inc.

Dostojevskij, F. M., (1953), *Brødrene Karamazov*, Kopenhagen: H. Hirschsprungs Forlag.

Druckman, J. (2003), »The Power of Television Images: The First Kennedy-Nixon Debate Revisited«, *The Journal of Politics*, 65(2): 559–571.

Edelman, M. (1979), »Review of Political Language«, *American Political Science Review*, 73: 840–855.

Elholm, T. (2011), »Symbolog signallovgivning i kriminalpolitisk perspektiv«, in Andersson, M. (Hrsg.): *Festskrift till Per Ole Träskman*, Norstedts Juridikm 2011, S. 166–178.

Esser, F., u. Matthes, J. (2013), »Mediatization Effects on Political News, Political Actors, Political Decisions, and Political Audiences«, in: H. Kriesi, S. Lavanex, F. Esser, J. Matthes, M. Bühlmann, u. Bochsler, D., *Democracy in the Age of Globalization and Mediatization*. Basingstoke: Palgrave Macmillan, 177–201.

Falkinger, J. (2003), »Attention Economics«, *Journal of Economic Theory*, 133(1): 23–44.

Festinger, L. (1957), *A Theory of Cognitive Dissonance*. Stanford: Stanford University Press.

Flynn, D. J., Nyhan, B. u. Refler, J. (2017), »The Nature and

Origins of Misperceptions: Understanding False and Unsupported Beliefs About Politics«, *Political Psychology* Vol. 38 (S1): 127–150.

Frankfurt, H. (2005), *On Bullshit*. Princeton: Princeton University Press.

Freud, S. (1917), *A General Introduction to Psychoanalysis*. PDF BooksWorld (S. 251).

Friedman, M. (1953), *Essays in Positive Economics*. Chicago: University of Chicago.

Gordon, J. (1997), »John Stuart Mill and the ›Marketplace of Ideas‹«, *Social Theory and Practice*, 23(2): 235–249.

Haidt, J. (2001), »The emotional dog and its rational tail: A social intuitionist approach to moral judgment«, *Psychological Review*, 108: 814–834.

Hendricks, V. F., u. Andur Pedersen, S. (2001), *Moderne elementær logik*. Kopenhagen: Forlaget Høst & Søn.

Hansen, P. G., u. Hendricks, V. F. (2007), »Anerkendelsens økonomi og oplysningens værdi i det offentlige rum«, *KRITIK*, #190, Dezember: 41–51.

Hansen, P. G., u. Hendricks, V. F. (2011), *Oplysningens blinde vinkler: En åndselitær kritik af informationssamfundet*. Kopenhagen: Samfundslitteratur.

Hendricks, V. F., u. Rasmussen, J. Lundorff (2012), *Nedtur! Finanskrisen forstået loso sk*. Kopenhagen: Gyldendal Business.

Hansen, P. G., Hendricks, V. F., u. Rendsvig, R. K. (2013), »Infostorms«, *Metaphilosophy*, vol. 44(3), April: 301–326.

Hendricks, V. F., u. Hansen, P. G. (2014/2016), *Infostorms: Why do we »like«? Explaining Individual Behavior on the Social Net*. 2. überarbeitete u. ergänzte Auflage. New York: Copernicus Books / Springer Nature.

Hendricks, V. F. (2016), *Spræng boblen: Sådan bevarer du fornuften i en ufornuftig verden*. Kopenhagen: Gyldendal.

Hendricks,V. F., u. Vestergaard, M. (2017), »VERLORENE WIRKLICHKEIT? An der Schwelle zur postfaktischen Demokratie«, *Aus Politik und Zeitgeschichte*, 13/2017: 4–10.

Hindman, M. (2009), *The Myth of Digital Democracy*. Princeton: Princeton University Press.

Hjarvad, S. (2008), *En verden af medier: Medialiseringen af politik, sprog, religion og leg*. Frederiksberg: Forlaget Samfundslitteratur.

Howard, P. N., Bradshaw, S., Kollanui, B., Desiguad, C., Bolsover, G. (2017), »Junk News and Bots During the French Presidential Election: What are the French Voters Sharing over Twitter?«, *Comprop* 2017.3, 22.04.2017: 1–5.

Hume, D. (1739), *Treatise on Human Nature, Book II: The Passions*. Online, verifiziert 06.12.2017: http://www.earlymoderntexts.com/assets/pdfs/hume1739book2.pdf

Humprecht, E., u. Esser, F. (2017), »Diversity in Online News: On the Importance of ownership types and media system types. *Journalism Studies*, online rst: Pages 1–23 | Published online: 10 Apr 2017.

Iyengar, S. u. Hahn, K. S. (2009), »Red Media, Blue Media: Evidence of Ideological Selectivity in Media Use«, *Journal of Communication*, 59: 19–39.

Kahneman, D. (1973), *Attention and Effort*. New Jersey: Prentice-Hall Inc.

Korsgaard, L. (2017), *Den der råber lyver. Mediebrugerens manual til løgnenes tidsalder*. Kopenhagen: Lindhardt og Ringhof.

Kriesi, H., et al. (2013), *Democracy in the Age of Globalization and Mediatization*. Springer Nature.

Kuklinski, J. H., Quirk, P. J., Jerit, J., Schwieder, D., Rich, R. F., (2000), »Misinformation and the Currency of Democratic Citizenship«, *The Journal of Politics* 62, 790–816.

Lewandowsky, S., Oberauer, K., Gignac, G. E. (2013), »NASA

Faked the Moon Landing-Therefore, (Climate) Science Is a Hoax«, *Psychological Science* 24, 622–633.

Machiavelli, N. (1999), *The Prince.* New York: Penguin.

Manjoo, F. (2008), *True Enough: Learning to Live in a Post-Fact Society.* New York: Wiley.

Mankiw, N. G. (2010), »Spreading the Wealth Around: Reflections Inspired by Joe the Plumber«, *National Bureau of Economic Research*, working paper 15846, verifiziert 06.12.2017: http://www.nber.org/papers/w15846.pdf

Marwick, A. (2015), »You May Know Me from YouTube: (Micro-)Celebrity in Social Media«, in: *A Companion to Celebrity*, Marshall, P. D., Redmond, S. (Hrsg.). New York: Wiley-Blackwell: 333–349.

Mazzoleni, G. u. Schulz, W. (1999), »›Mediatization‹ of Politics: A Challenge for Democracy?«, *Journal of Political Communication*, 16(3): 247–261.

McCombs, M. E. u. Shaw, D. L. (1972), »The Agenda-Setting Function of Mass Media«, *The Public Opinion Quarterly*, vol. 36(2): 176–187.

McCombs, M. E. u. Reynolds, A. (2002), »New Influence on our Pictures of World«, in: *Media Effects: Advances in Theory and Research*, Jennings, E. u. Zilmann, D. (red.). Mahwah, NJ, US: Lawrence Erlbaum Associates Publishers: 1–18.

McLuhan, M. & Flore, Q. (1967), *The Medium is the Message.* New York: Penguin Books.

Mocanua, D., Rossia, L., Zhanga, Q., Karsaib, M., Quattrociocchi, K. (2015), »Collective attention in the age of (mis) information«, in: *Computers in Human Behavior*, Vol. 51, Part B: 1198–1204.

Morris, J. S. u. Francia, P. L. (2009), »Cable News, Public Opinion, and the 2004 Party Conventions«, *Political Research Quarterly*, 62(3): 345–355.

Müller, J., W. (2016), *What is Populism?* Philadelphia: University of Pennsylvania Press.

O'Neil, C. (2016), *Weapons of Math Destruction: How Big Data Increases Inequality and Threatens Democracy.* New York: Crown.

Peterson, R. L. (2016), *Trading on Sentiment: The Power of Minds Over Markets.* NewYork: Wiley.

Postman, N. (1985), *Amusing Ourselves to Death: Public Discourse in the Age of Show Business.* New York: Penguin Books.

Quiggin, J. (2010), *Zombie Economics. How dead ideas still walk among us.* Princeton: Princeton University Press.

Samuelson, P. A. u. Nordhaus, W. D. (2010), *Economics.* Boston: McGraw-Hill Irwin.

Schopenhauer, A. (1977), *Züricher Ausgabe. Werke in zehn Bänden.* Zürich: Diogenes.

Shiller, R. J. (2017), »Narrative economics«, Cowles Foundation Discussion Paper, no 2069, Yale University, presidential address delivered at the 129th annual meeting of the American Economic Association, 7 January, Chicago.

Shiller, R. J. u. Akerlof, G. A. (2015), *Phishing for Phools: The Economics of Manipulation and Deception* Princeton: Princeton University Press.

Siebert, F. S., Peterson, T. u. Schramm, W. (1956). *Four Theories of the Press: The Authoritarian, Libertarian, Social Responsibility, and Soviet Communist Concepts of What the Press Should Be and Do.* Chicago: University of Illinois Press.

Simon, H. A. (1971), »Designing Organizations for an Information-rich World«, in Greenberger, M. (red.), *Computers, Communications, and the Public Interest.* Baltimore: John Hopkins Press: 38–52.

Skogerbo, E., Bruns, A., Quodling A., u. Ingebretsen, T. (2016),

»Agenda-setting revisited: Social media and sourcing in mainstream journalism«, in: A. Bruns, G. S. Enli, E. Skogerbo, A. O. Larsson, u. C. Christensen (red.), *The Routledge companion to social media and politics*. New York: Routledge: 104–120.

Søe, S.O. (2014), »Information, misinformation og disinformation En sprog loso sk analyse«, *Nordisk Tidsskrift for Informationsvidenskab og Kulturformidling*, årg. 3(1): 21–30.

Sternberg, R. u. Sternberg, K. (2012), *Cognitive Psychology. Sixth Edition*. Belmont: Wadsworth.

Sunstein, C.R. (2009), *Going to Extremes: How Like Minds Unite and Divide*. Oxford: Oxford University Press.

Taplin, J. (2017), *Move Fast and Break Things: How Facebook, Google, and Amazon Cornered Culture and Undermined Democracy*. New York: Little, Brown and Company.

Teixeira, T.S. (2014), *The Rising Cost of Consumer Attention: Why Should You Care, and What You Can Do About It*. Harvard Business School, Working Paper 14–055, 17.01.2014.

Thesen, G. (2013), »Political Agenda Setting as Mediatized Politics? Media-Politics Interactions from a Party and Issue Competition Perspective«, *The International Journal of Press/Politics*, Vol 19, (2): 181–201.

Thorson, E. (2016), »Belief Echoes: The Persistent Effects of Corrected Misinformation«, *Political Communication*, 33, 2016: 460–480.

Vestergaard, M., Hendricks, V. F. u. Rendsvig, R.K. (2015), »Politiske bobler gør valget til et cirkus«, *Politiken*, 02.06.2015.

Vogel, H. L. (2010), *Financial Markets and Crashes*. New York: Cambridge University Press.

Voltaire (1960), *Candide eller Optimismen – Oversat og indledt af Karen Nyrop Christensen*. Selskabet Bogvennerne.

Weber, M. (1949), *On The methodology of the social sciences. Translated and edited by E. Schils and H. Finch*. New York: The Free Press.

Webster, J.G. (2014), *The Marketplace of Attention*. Cambridge: The MIT Press.

Wu, T. (2016), *The Attention Merchants*. New York: Knopf.

Anmerkungen

1 Donbass News Agency (2017). »US sends 3 600
tanks against Russia – Massive NATO deployment on
the way« 04.01.2017, verifiziert 04.04.2017:
https://dninews.com/article/us-sends-3600-tanks-
againstrussia-massive-nato-deployment-underway

2 Digital Forensic Lab (2017). »Three Thousand Tanks«,
12.01.2017, verifiziert 04.04.2017: https://medium.com/
@DFRLab/three-thousand-fake-tanks575410c4f64d

3 Auchard, E. & Felix, B. (2017). »French candidate Macron
claims massive hack as emails leaked«, Reuters, 06.05.2017,
verifiziert 07.05.2017: http://www.reuters.com/article/
us-france-election-macron-leaks-idUSKBN1812AZ

4 Chung, A. (2017). »Macron team condemns ›massive
cyberattack‹ ahead of French presidential election«,
Sky News, 06.05.2017, verifiziert 07.05.2017:
http://news.sky.com/story/ macron-team-target-
of-massive-cyber-attack-10865052

5 World Economic Forum (2013). »Digital Wildfires
in a Hyperconnected World«, verifiziert 05.05.2017: http://
reports.weforum.org/globalrisks-2013/
risk-case-1/digital-wildfires-in-a-hyperconnected-
world/

6 Le Monde (2017). »En marche! dénonce un piratage«
massif et coordonné »de la campagne de Macron«,
Le Monde, 06.05.2017, verifiziert 07.07.2017: http://

www.lemonde.fr/election-presidentielle-2017/
article/2017/05/06/l-equipe-d-en-marche-fait-etat-
dune-action-de-piratage-massive-et-coordonnee_
5123310_4854003.html

7 World Economic Forum (2017). Global Risks Report
2017: 24. Verifiziert 11.06.2017: https://www.weforum.
org/reports/the-global-risks-report-2017

8 Holleran, A. (2008). »Such a Rough Diamond of a Man«,
New York Times, 07.11.2008, verifiziert 10.06.2017:
http://www.nytimes.com/2008/11/09/books/review/
Holleran-t.html

9 Simon (1971): 40–41.

10 James, W. (1890). The Principles of Psychology, Chapter
XI: Attention. Classics in the History of Psychology,
Green, C.D. (red.), verifiziert 31.05.2017: http://
psychclassics.yorku.ca/James/Principles/prin11.html

11 Teixeira, T. S. (2015). »When People Pay Attention to
Video Ads and Why«, Harvard Business Review,
14.10.2015, verifiziert 07.07.2017: https://hbr.org/2015/10/
when-people-pay-attention-to-video-ads-and-why

12 Serra, R. (1973). »TELEVISION DELIVERS PEOPLE«,
verifiziert 07.07.2017: https://www.you-tube.com/
watch?v=LvZYwaQIJsg

13 Solon, O. (2011).»You are Facebook's product, not
customer«, Wired, 21.09.2011, verifiziert 04.05.2017:
http://www.wired.co.uk/article/doug-rushkoff-
hello-etsy

14 Marr, B. (2016).»Barbie Wants To Chat With Your
Child – But Is Big Data Listening In?«, Forbes,
17.12.2015, verifiziert 12.06.2017: https://www.forbes.
com/sites/bernardmarr/2015/12/17/barbie-wants-to-chat-
with-your-child-but-is-big-data-listening-
in/#2b31020a2978

15 Facebook Datenrichtlinien, verifiziert 04.05.2017: https://www.facebook.com/privacy/explanation

16 Duhigg, C. (2016). »How Companies Learn Your Secrets«, *New York Times*, 16.02.2016, verifiziert 12.06.2017: http://www.nytimes.com/2012/02/19/magazine/shopping-habits. html?pagewanted=all&_r=1

17 ebd.

18 O'Neil (2016):72–73.

19 ebd. S: 70.

20 Nisbet, M. (2012). »Obama 2012: The Most Micro-Targeted Campaign in History?«, Big Think 30.04.2012, verifiziert 24.06.2017: http://bigthink.com/age-of-engagement/obama-2012-the-most-micro-targeted-campaign-in-history

21 Cambride Analytica, verifiziert 10.06.2017: https://cambridgeanalytica.org/

22 Wozniak, K. (2017). »Did Big Data Win the Election for Trump?«, Misciwriters, 18.04.2017, verifiziert 14.06.2017: https://misciwriters.com/2017/04/18/ did-big-data-win-the-election-for-trump/

23 Confessore, N. & Hakim, D. (2017). »Data Firm Says ›Secret Sauce‹ Aided Trump; Many Scoff«, *New York Times*, 06.03.2017, verifiziert 10.06.2017: https://www.nytimes.com/2017/03/06/us/politics/cambridge-analytica. html?_r=0

24 Kaltheuner, F. (2016). »Cambridge Analytica Explained: Data and Elections«, Privacy International, 13.04.2017, verifiziert 12.06.2017: https://www.privacyinternational. org/node/1440

25 ebd.

26 Bond, P. (2016). »Leslie Moonves on Donald Trump: »It May Not Be Good for America, but It's ›Damn Good for CBS«, The Hollywood Reporter, 29.02.2016,

verifiziert 20.05.2017: http://www.hollywoodreporter.
com/news/leslie-moonves-donald-trump-may-871464

27 Werpin, A. (2016).»CBS CEO Les Moonves clarifies
Donald Trump ›good for CBS‹ comment«, Politico,
19.10.2016, verifiziert 26.05.2017: http://www.politico.
com/blogs/on-media/2016/10/cbs-ceo-les-moonves-
clarifies-donald-trump-good-for-cbs-comment-229996

28 Presidential Campaign 2016: Candidate Television
Tracker, verifiziert 26.05.2017: http://television.
gdeltproject.org/cgi-bin/iatv_campaign2016/iatv_
campaign2016?filter_ candidate=&filter _network=
AFF NET_CBS& filter_timespan =ALL&filter_
displayas=RAW

29 Media Matters Staff (2015).»Donald Trump: I've Spent
Nothing on Ads Because of Fox News' and Other
Networks' Constant Coverage«, Media Matters for
America, 13.10.2015, verifiziert 26.05.2017: https://www.
mediamatters.org/video/2015/10/13/donald-trump-
ive-spent-nothing-on-ads-becauseo/206115

30 Stokols, E. & Schreckinger, B. (2016).»How Trump Did
It«, *Politico*, 01.02.2016, verifiziert 26.05.2017: http://
www.politico.com/magazine/ story/2016/02/how-donald-
trump-did-it-213581

31 2016 General Election Editorial Endorsements by »Major
Newspapers«, The American Presidency Project, verifiziert 26.05.2017: http://www.presidency.ucsb. edu/
data/2016_ newspaper_endorsements.php

32 *USA TODAY*, Editorial, 29.09.2016, »USA TODAY's
Editorial Board: Trump is unfit for the presidency«,
verifiziert 26.05.2017: https://www. usatoday.com/
story/opinion/2016/09/29/dont-vote-for-donald-
trump-editorial-board-editorials-debates/91295020/

33 Schneider, M. (2016).»Most-Watched Television

Networks: Ranking 2016's Winners and Losers«, Indiewire, 27.12.2017, verifiziert 24.06.2017: http://www. indiewire.com/2016/12/cnn-fox-news-msnbc-nbcratings-2016-winners-losers-1201762864/

34 Presidential Campaign 2016: Candidate Television Tracker, verifiziert 26.05.2017: http://television. gdeltproject.org/cgi-bin/iatv_campaign2016/iatv_ campaign2016?filter_candidate=&filter_

35 »Logik« darf hier nicht als so stringent verstanden werden wie die zwingenden Regeln der formellen Logik für gültige Schlüsse und Argumente (Hendricks & Andur Pedersen 2001).

36 »Lov om Radiospredning«, Lovtidende for Kongeriget Danmark for Aaret 1926, S. 78–80, in Danmarkshisto-rien.dk, Aarhus Universitet, verifiziert 24.06.2017: http:// danmarkshistorien.dk/leksikon-og-kilder/ vis/materiale/ lov-om-radiospredning-13-marts-1926/

37 Webley, K. (2010). »How the Nixon-Kennedy Debate Changed the World«, Time, 23.10.2010, verifiziert 26.05.2017: http://content.time.com/time/nation/ article/0,8599,2021078,00.html

38 Postman (1985): 25.

39 Amend, A.&Morgan,J. (2017).»Breitbart Under Bannon: Breitbart's Comment Section Reflects Alt-Right, Anti-Semitic Language«, Southern Povery Law Center, 21.02.1017, verifiziert 26.05.2017: https://www.splcenter. org/hatewatch/2017/02/21/breitbart-under-bannon-breitbarts-comment-section-reflects-alt-right-anti-semitic-language

40 Benkler,Y., Faris, R., Roberts, H. & Zuckerman, E. (2017). Study: Breitbart-led right-wing media ecosystem altered broader media agenda, Columbia Journalism Review, 03.03.2017, verifiziert 26.05.2017: https://

www. cjr.org/analysis/ breitbart-mediatrump-
harvardstudy.php

41 Bokhari, A. & Yiannopoulos, M. (2016). »An
    Establishment Conservatives Guide to the Alt-Right«,
    Breitbart, 29.03.2016, verifiziert 26.05.2017: http://
    www.breitbart.com/tech/2016/03/29/ an-establishment-
    conservatives-guide-to-the-alt-right/

42 Hunter, P. (2017). »Trump the ›first step‹ toward identity
    politics: Richard Spencer«, CBC News, 18.01.2017,
    verifiziert 31.05.2017: http://www.cbc. ca/news/world/
    richard-spencer-trump-identity-politics-1.3940205

43 Jacobson, L. (2016). »Donald Trump's ›Star of David‹
    tweet: a recap«, Politifact, 05.07.2016, verifiziert
    14.06.2017: http://www.politifact.com/truth-o-meter/
    article/2016/jul/05/donald-trumps-star-david-tweet-recap/

44 Rapport, A. (2016). »Hillary Clinton Denounces the
    ›Alt-Right‹, and the Alt-Right is Thrilled«, New York
    Times, 26.08.2016, verifiziert 26.05.2017: https://www.
    nytimes.com/2016/08/27/us/politics/alt-right-reaction.
    html

45 Ritchie, H. (2016). »Read all about it: The biggest fake
    news stories of 2016«, CNBC, 30.12.2016, verifiziert
    05.04.2017: http://www.cnbc.com/2016/12/30/read-all-
    about-it-the-biggest-fake-news-stories-of-2016.html

46 Benkler, Y., Faris, R., Roberts, H. & Zuckerman, E.
    (2017). Study: »Breitbart-led right-wing media ecosystem
    altered broader media agenda«, Columbia Journalism
    Review, 03.03.2017, verifiziert 26.05.2017: https://www.
    cjr.org/analysis/breitbart-media-trump-harvard-study.php

47 Quelle: ebd.

48 Broersma & Graham (2013): 463.

49 »Should Trump Keep Tweeting to Counter ›Biased‹
    Media Coverage?«, Fox News Insider, 06.12.2016,

verifiziert 14.06.2017: http://insider.foxnews.
com/2016/12/06/writer-says-donald-trump-tweets-
because-media-covers-him-unfairly

50 Barber, L., Sevasopulo, D. & Tett, G. (2017).
»DonaldTrump: Without Twitter I would not be here –
FT Interview«, *Financial Times*, 02.04.2017, verifiziert
26.05.2017: https://www.ft.com/ content/943e322a-178a-
11e7-9c35-0dd2cb31823a

51 Vass, T. & Vestergaard, M. (2010). Nihilistisk
Folkeparti, Titelseite, verifiziert 24.06.2017: http://
www.nihilistisk-folkeparti.dk

52 Ritzau (2013). »K-ordfører: Jeg brugte ›Borgen‹ som
løftestang for prostitutionsdebat«, Politiken 02.04.2013,
verifiziert 29.06.2017: http://politiken.dk/indland/
politik/art5431170/K-ordf%C3%B8rer-Jeg-brugte-
Borgen-som-l%C3%B8ftestang-for-prostitutionsdebat

53 THR Staff (2016): »John Oliver Regrets Begging Donald
Trump to Run for President«, The Hollywood Reporter,
07.11.2016, verifiziert 10.06.2017:
http://www.hollywoodreporter.com/news/ john-oliver-
donald-trump-president-944682

54 Redder, H. (2016). »Måling: Konservative er det grønne
parti i blå blok«, TV 2, 06.06.2016, verifiziert 09.05.2017:
http://nyheder.tv2.dk/ politik/2016-04-06-maaling-
konservative-er-det-groenne-parti-i-blaablok

55 Elholm (2011):170.

56 On Smykkeloven: »The Danish Policy to Seize Personal
Valuables and Money from Asylum Seekers«, Philoso-
phical Comment, 30.01.2016, verifiziert 09.05.2017:
http://philosophicalcomment. blogspot. dk/2016/01/
onsmykkeloven-danish-policy-to-seize.html

57 Olsen, T.L. (2017). »Et år med omstridt smykkelov:
Politiet har brugt den fire gange« DR.dk 16.01.2017,

verifiziert 09.05.2017: https://www.dr.dk/nyheder/politik/
et-aar-med-omstridt-smykkelovpolitiet-har-brugt-den-
fire-gange

58 Samuelsen, A. (2017). *Facebook,* 06.10.2017 (Danish),
verifiziert 02.12.2017: https://www.facebook.com/
AndersSamuelsenLA/posts/10156454217557366

59 Forslag til Lov om ændring af straffeloven og retsplejeloven,
24.03.2010, Retsinformation, verifiziert 05.12.2017:
https://www.retsinformation.dk/eli/ft/200912L00181

60 »Rapport om brugen af niqap og burka« (2009).
Verifiziert 02.12.2017: https://www.e-pages.dk/ku/
322/html5/

61 Taylor, A. (2016). »Banning burqas isn't a sensible
response to terrorism«, Washington Post, 12.08.2016,
verifiziert 05.12.2017: https://www.washingtonpost.com/
news/worldviews/wp/2016/08/12/banning-burqas-isnt-a-
sensible-response-to-terrorism/?utm_term=.
80762131b0ae

62 Ebd.

63 Edelman (1979): 847.

64 Zitiert nach Peterson (2016).

65 Trenberth, K. & Knutti, R. (2017). »Yes, we can do
›sound‹ climate science even though it's projecting the
future«, The Conversation, 05.04.2017, verifiziert
10.05.207: http://theconversation.com/yes-we-can-do-
sound-climate-science-even-though-its-projecting-
the-future-75763

66 Sharman, J. (2017). »Donald Trump: All the false claims
45th President has made since his inauguration«, *The
Independent*, 23.01.2017, verifiziert 04.02.2017: goo.
gl/oTyieB. Der englische Originalwortlaut wird hier wie
bei einigen folgenden Zitaten ohne Übersetzung wiedergegeben und soll für sich selbst sprechen.

67 Ebd.

68 Ebd.

69 Ford, M. (2017). »Trump's Press Secretary Falsely
    Claims« *The Atlantic*, 21.01.2017, verifiziert 04.02.2017:
    goo.gl/HvnFUY.

70 Smith, D. (2017). »Sean Spicer defends inauguration
    claim«, The Guardian, 23.01.2017, verifiziert 04.02.2017:
    goo.gl/djwg7x.

71 Kille, L.W. (2009). »Committee of Concerned Journalists:
    The Principles of Journalism«, Journalist's Resource,
    26.11.2009, verifiziert 19.04.2017: https://
    journalistsresource.org/tip-sheets/foundations/
    principles-of-journalism

72 Public Mind Poll (2015). »Ignorance, Partisanship Drive
    False Beliefs about Obama, Iraq«, verifiziert 10.05.2017:
    http://publicmind.fdu.edu/2015/false/

73 Chivers, C.J. (2014). »The Secret Casualties of Iraq's
    Abandoned Chemical Weapons«, *New York Times*,
    14.10.2014, verifiziert 10.06.2017: https://www.nytimes.
    com/interactive/2014/10/14/world/middleeast/
    uscasualties-of-iraq-chemical-weapons.html?_r=1

74 Parker, J. (2014). »Fox News and Fox News Latino Cover
    The Same Story, Hilarity Ensues«, Addicting Info,
    08.08.2014, verifiziert 10.06.2017: http://addictinginfo.
    com/2014/08/08/ fox-news-and-fox-news-latino-cover-
    the-same-story-hilarity-ensues/?fb_ comment_id=59
    3132244141420_ 5937349774144 80#f2dbfa4a983 dc36

75 Rasmussen Reports: (2016): »Voters Don't Trust Media
    Fact-Checking« September 30. Verifiziert 05.02.2017:
    http://www.rasmussenreports.com/ public_content/
    politics/general_politics/september_2016/voters_dont_
    trust_media_fact_checking

76 Frankfurt (2005): 48.

77 Holan, A. D. (2016). »2016: Lie of the Year: Fake News«, Politifact, 13.12.2016, verifiziert 07.04.2017: http://www. politifact.com/ truth-o-meter/article/2016/dec/13/ 2016-lie-year-fake-news/

78 Gillin, J. (2017). »Fake News website starts as a joke, gains 1 million views within 2 weeks«, Politifact, 09.03.2017, verifiziert 02.05.2017, http://www.politifact. com/punditfact/article/2017/mar/09/fake-news-website-starts-joke-gains-1-million-view/

79 Subramanian, S. (2017). »Inside the Macedonian Fake-News Complex«, Wired, 15.02.2017, verifiziert 10.04.2017: https://www.wired. com/2017/02/veles-macedonia-fake-news/

80 Pollitt, C. (2014). »Advertorials in the Age of Content Marketing and Promotion«, *Relevance*, 10.11.2014. Verifiziert 26.11.2017: https://www.relevance.com/ advertorials-in-the-age-of-content-marketing-and-promotion/

81 Farsetta, D. & Price, D. (2006). »Fake TV News: Widespread and Undisclosed.« *Center for Media and Democracy*, 16.03.2006, verifiziert 26.11.2017: https:// www.freepress.net/sites/default/files/fp-legacy/fake_ tv_news_--__widespread_and_undisclosed.pdf

82 Soll, J. (2016). »The Long and Brutal History of Fake News«, *Politico Magazine*, 18.12.2017, verifiziert 28.11.2017: https://www.politico.com/magazine/ story/2016/12/fake-news-history-long-violent-214535

83 Onion, R. (2015). »The Atrocity Propaganda Ben Franklin Circulated to Sway Public Opinion in America's Favor«, *Slate*, 01.07.2015, verifiziert 05.12.2017: http:// www.slate.com/blogs/the_vault/2015/07/01/history_of_ benjamin_franklin_diplomacy_propaganda_newspaper_ with_stories.html

84 Berry, J. (2017). »The economic efficiency of fake news«, *Oxford University Press's Academic Insights for the Thinking World,* 17.01.2017. Verifiziert 28.11.2017: https://blog.oup.com/2017/01/economic-efficiency-fake-news/

85 Mariani, M. (2017). »Is Trump's Chaos Tornado a Move From the Kremlin's Playbook?«, *Vanity Fair* 28.03.2017, verifiziert 05.12.2017: https://www.vanityfair.com/news/2017/03/is-trumps-chaos-a-move-from-the-kremlins-playbook

86 Barthell, M., Mitchell, A. & Holcomb, J. (2016). »Many Americans Believe Fake News Is Sowing Confusion«, Pew Research Center, 15.12.2016, verifiziert 05.12.2017: http://www.journalism.org/2016/12/15/many-americans-believe-fake-news-is-sowing-confusion/

87 Munich Security Report (2017), verifiziert 04.04.2017: report2017.securityconference.de/

88 Allenby, B., R. (2017). »The Age of Weaponized Narrative, or, Where Have You Gone, Walter Cronkite?« *Issues in Science and Technology 33,* no. 4, Summer 2017. Verifizert 01.12.2017: http://issues.org/33-4/the-age-of-weaponized-narrative-or-where-have-you-gone-walter-cronkite/

89 Kahn, J. (2017). »Facebook Touts Success Fighting Fake News in German Election«, *Bloomberg News,* 27.09.2017, verifiziert 17.11.2017: https://www.bloomberg.com/news/articles/2017-09-27/facebook-touts-success-fighting-fake-news-in-german-election

90 Tibken, S. (2017). »For the German election, no fake news is good news«, *CNET,* 22.09.2017, verifiziert 17.11.2017: https://www.cnet.com/news/for-the-german-election-no-fake-news-is-good-news/

91 Zeller, F. (2017). »Germany on guard against election

hacks, fake news«, *Mail & Guardian*, 21.09.2017, verifiziert 17.11.2017: https://mg.co.za/article/2017-09-21-germany-on-guard-against-election-hacks-fake-news

92 Kupferschmidt, K. (2017). »Social media ›bots‹ tried to influence the U.S. election. Germany may be next«, Science 23.10.2017, verifiziert 05.12.2017: http://www.sciencemag.org/news/2017/09/social-media-bots-tried-influence-us-election-germany-may-be-next

93 Twitter Audit Report »@realDonaldTrump« 03.12.2017. Verifiziert 03.12.2017: https://www.twitteraudit.com/realDonaldTrump

94 Gordon (1997).

95 Schlossberg, M. (2014). »One Of The Best Moments On ›Colbert Report‹ Was When He Coined ›Truthiness‹ In 2005«, *Business Insider*, 18.12.2014, verifiziert 10.06.2017: http://www.businessinsider.com/ the-colbert-report-truthiness-clip-2014-12?r=US&IR=T&IR=T

96 Canfield, D. (2016). »Stephen Colbert Says Oxford Dictionaries' Post-Truth Is Just Watered-Down Truthiness«, *Slate*, 18.11.2016, verifiziert 10.06.2017: http://www.slate.com/blogs/browbeat/2016/11/18/watch_stephen_colbert_hit_the_oxford_english_dictionary_for_ripping_off.html

97 Jones, D. (2016). »Seeing reason: How to change minds in a ›post-fact‹ world«, *New Scientist*, 30.11.2016, verifiziert 10.06.2017: https://www.newscientist.com/article/mg23231020-500-changing-minds-how-to-trump-delusion-and-restore-the-power-of-facts/

98 Klein, D. (2014). »How politics makes us stupid«, Vox, 04.06.2014, verifiziert 10.06.2017: https://www.vox.com/2014/4/6/5556462/brain-dead-how-politics-makes-us-stupid

99 Fu, G. et al. (2008). »Lying in the name of the collective good«, PMC, 20.10.2008, verifiziert 10.06.2017: https://www.ncbi.nlm.nih.gov/pmc/articles/PMC2570108/#R1

100 Hanrahan, C. (2017). »Donald Trump: Is he the most unpopular United States president in history?«, *ABC News*, 28.04.2017, verifiziert 10.06.2017: http://www.abc.net.au/news/2017-04-28/donald-trump-is-he-the-most-unpopular-president-in-history/8469854

101 Smith, J.A. (2017). »How the Science of ›Blue Lies‹ May Explain Trump's Support«, Scientific American, 24.03.2017, verifiziert 10.06.2017: https://blogs.scientificamerican.com/guest-blog/how-the-science-of-blue-lies-may-explain-trumps-support/

102 Schaffner,B. & Luks, S. (2017). »This is what Trump voters said when asked to compare his inauguration crowd with Obama's«, *Washington Post*, 25.01.2017, verifiziert 28.04.2017: https://www.washingtonpost.com/news/monkey-cage/wp/2017/01/25/we-asked-people-which-inauguration-crowd-was-bigger-heres-what-they-said/?utm_term=.182e2c9af76a

103 Fisher, M. & Taub, A. (2017). »How Does Populism Turn Authoritarian? Venezuela Is a Case in Point«, *New York Times*, 01.04.2017, verifiziert 10.06.2017: https://www.nytimes.com/2017/04/01/world/americas/venezuela-populism-authoritarianism.html

104 Müller, J.-W. (2016). »Trump, Erdoğan, Farage: The attractions of populism for politicians, the dangers for democracy«, *The Guardian*, 02.10.2016, verifiziert 10.06.2017: https://www.theguardian.com/books/2016/sep/02/trump-erdogan-farage-the-attractions-of-populism-for-politicians-the-dangers-for-democracy

105 Rohbohm, H. (2015). »Petry schwört AfD auf ›harten

Kampf‹ ein«, *Junge Freiheit*, 28.11.2015. verifiziert
25.11.2017: https://jungefreiheit.de/politik/
deutschland/2015/petry-schwoert-afd-auf-harten-
kampf-ein/

106 In der genannten Studie verwendet Berger die Begriffs-
kategorie »Zorn« (engl. anger), aber die Nachrichtenbeiträge, die so kategorisiert sind, handeln eher von
Indignation. Indignation ist Zorn über das, was unge-
recht erscheint, wie in den Überschriften »What Red
Ink? Wall Street Paid Hefty Bonuses«, »Loan Titans Paid
McCain Adviser Nearly $2 Million.«

107 Google-Suche: https://www.google.dk/search?q=
alternative+f%C3%BCr+deutschland+
wahlplakate&client=firefox-b-ab&dcr=0&tbm=
isch&tbo=u&source=univ&sa=X&ved=
oahUKEwiI3vv465rXAhULJ50KHfCdCnQ
QsAQIJQ&biw=1366&bih=667, verifiziert 03.11.2017.

108 Theodicy, von Freiherr von Gottfried Wilhelm Leibniz,
(englisch), verifiziert 10.06.2017: http://www.gutenberg.
org/files/17147/17147-h/17147-h.htm

109 Bei einem Spendendinner am 9. September 2016
während des Präsidentschaftswahlkampfs formulierte
Hillary Clinton das folgendermaßen: »Mal kräftig
generalisiert, kannst du die eine Hälfte von Trumps
Anhängern in den Eimer der Hoffnungslosen *[basket of
deplorables]* werfen. Nicht wahr? Rassisten, Sexisten,
Homophobe, die Ausländerfeindlichen, Islamophoben
usw.«

110 Rondón, A.G. (2017). »Donald Trump's Fictional
America«, *Politico Magazine*, 02.04.2017, verifiziert
26.04.2017: http://www.politico.com/magazine/
story/2017/04/donald-trumps-fictional-america-
post-fact-venezuela-214973

111 Beauchamp, Z. (2017).»Democrats are falling for fake news about Russia«,Vox, 19.05.2017, verifiziert 10.06.2017: https://www.vox.com/world/2017/5/19/15561842/trump-russia-louise-mensch

112 Aish, G. And Huang, J. (2016). »Dissecting the # PizzaGate Conspiracy Theories«, *The New York Times*, 10. Dezember 2016, verifiziert, 17.12.2016: http://www.nytimes.com/interactive/2016/12/10/business/media/pizzagate.html?_r=0

113 READ: Trump's speech announcing withdrawal from the Paris Agreement on climate change, CNN, 01.06.2017, verifiziert 10.06.2017: http://edition.cnn.com/2017/06/01/politics/trump-paris-agreement-speech/index.html

114 NASA (2017).»Climate change: How do we know?«, NASA, verifiziert 10.06.2017: https://climate.nasa.gov/evidence/

115 The Flat Earth Society (2016). »FAQ«, verifiziert 10.06.2017: http://www.the flatearthsociety.org/home/index.php/faq

116 Oxford Dictionaries (2017): »Post-truth«, Oxford: Oxford University Press, verifiziert 04.02.2917: https://en.oxforddictionaries.com/de nition/post-truth

117 World Economic Forum: Global Risks Report 2017:23. Verifiziert 11.06.2017: https://www.weforum.org/reports/the-global-risks-report-2017

118 Suskind, R. (2004). »Faith, Certainty and the Presidency of George W. Bush«, *New York Times*, 17.10.2004, verifiziert 11.06.2017: http://www.nytimes.com/2004/10/17/magazine/faith-certainty-and-the-presidency-of-george-w-bush.html

119 Weber (1949): 90.

120 Krugman, P. (2009). »How did economists get it so

wrong?« *New York Times Magazine*, 02.10.2009,
verifiziert 04.02.2017: http://www.nytimes.
com/2009/09/06/magazine/06Economic-t.html

121 siehe z. B. *Institute of New Economic Thinking* (https://
www.ineteconomics.org/), *Young Scholar's Initiative*
(https://www.ineteconomics.org/community/
young-scholars?p=community/young-scholars) oder
Rethinking Economics (http://www.rethinkeconomics.
org/) und *Evonomics* (http://evonomics.com/)

122 Zugänglich bei Projekt Gutenberg, verifiziert
14.06.2017: https://www. gutenberg.org/files/2434/2434-
h/2434-h.htm

123 »Have PhD, will govern«, Leitartikel, *The Economist,*
16.11.2011, verifiziert 11.06.2017: http://www.
economist.com/blogs/newsbook/2011/11/
technocrats-and-democracy

124 Traynor, I. (2013). »Habermas advarer: Tyskland sætter
Europas liberale demokrati på spil«, Information,
30.04.2013, verifiziert 11.06.2017: https://www.
information.dk/udland/2013/04/habermas-advarer-
tyskland-saetter-europas-liberale-demokrati-paa-spil

125 Machiavelli, N. (1882): The Historical, Political, and
Diplomatic Writings of Niccolo Machiavelli, Vol. 4.
Boston: J. R. Osgood and company. Pp. 422. Verifiziert
05.02.2017: http://oll.libertyfund.org/titles/777

126 Swift, A. (2016). »Americans' Trust in Mass Media
Sinks to New Low«, Gallup, 14.10.2016, verifiziert
11.06.2017: http://www. gallup.com/ poll/195542/
americanstrust-mass-media-sinks-new-low.aspx

127 Den Store Danske / Tvinddommen, verifiziert
11.06.2017: http://denstoredanske.dk/Samfund,_jura_
og_politik/Jura/Enkelte_navngivne_retssager/
Tvind-dommen

128 Griswold, A. (2017). »The Origins of Totalitarianism«, »Hannah Arendt's definitive guide to how tyranny begins, has sold out on Amazon«, Quartz, 29.01.2017, verifiziert 11.06.2017: https://qz.com/897517/the-origins-of-totalitarianism-hannah-arendts-defining-work-on-tyranny-is-out-of-stock-on-amazon/
129 Arendt (1951): 471.
130 Ebd.
131 Arendt (1951): 477.
132 Orwell, G. (1949), 1984, S. 103, verifiziert 14.06.2017: https://www.planetebook.com/ebooks/1984.pdf